回知回录 一

端木蕻良 著

沈阳出版发行集团
沈阳出版社

图书在版编目（CIP）数据

日知日录：全四卷 / 端木蕻良著．-- 沈阳：沈阳出版社，2020.10
ISBN 978-7-5716-1355-6

Ⅰ.①日… Ⅱ.①端… Ⅲ.①社会科学－文集 Ⅳ.①C53

中国版本图书馆 CIP 数据核字（2020）第163390号

出版发行：沈阳出版发行集团|沈阳出版社
（地址：沈阳市沈河区南翰林路10号 邮编：110011）
网　　址：http://www.sycbs.com
印　　刷：辽宁泰阳广告彩色印刷有限公司
幅面尺寸：208mm×285mm
印　　张：64.25
字　　数：850千字
出版时间：2021年4月第1版
印刷时间：2021年4月第1次印刷
选题策划：闫志宏　沈晓辉
责任编辑：沈晓辉　郑　丽
特约编辑：姚宏越
装帧设计：杨　雪
责任校对：日　光
责任监印：杨　旭

书　　号：ISBN 978-7-5716-1355-6
定　　价：1280.00元（全四卷）

联系电话：024-24112447　024-62564922
E － mail：sy24112447@163.com

序言

《日知日錄》是父親寫於一九五六年的讀書劄記，有十一冊之多。一九五六年，是知識分子的春天。陸鍵東的《陳寅恪的最後二十年》裏專門有一章《一九五六年：一個罕有的春天》，祖國各地，大江南北知識分子的喜悅之情盡在其中。父親的喜悅和難以抑制的澎湃激情，則克制地流露在他第一冊卷首的題記中：

毛主席在《中國農村的社會主義高潮》序言裏說：『問題是在一九五五年的下半年，中國的情況起了一個根本的變化。中國的一億一千萬農戶中，到現在——一九九五年十二月下旬——已有百分之六十以上的農戶，即七千多萬戶，響應中共中央的號召，加入了半社會主義的生產合作社。……這件事告訴我們，中國的手工業和資本主義工商業的社會主義改造，也應當爭取提早一些時候去完成，才能適應農業發展的需要。這件事告訴我們，中國的工業化的規模和速度，科學文化、教育、衛生等項事業的發展的規模和速度，已經不能完全按照原來所想的那個樣子去做了，這些都應當適當地擴大和加快。』中國古書說無逸，又說大禹惜寸陰。我今後每天有一點一滴的讀書體會，即日記下，以備將來查考，節省時間，也為了省事。引文有時祇是摘錄一二語，而且不及細校，以原書為準。要堅持下去，由少積多，來加快自己求知的速度。時不可及，日不可失，時時要記住這句話。永遠往前看，不要往後看，同時在整個社會的改造與社會主義建設中汲取力量，工作才能實在有用。

隨後，他就為這個劄記制定了細緻的體例，並鄭重地題在第二冊的卷首：

這個本子祇是為了讀書有得，隨手記錄而設。偶有所想，雖未曾細想，便恐過後忘記者，也可列入。總之都是為了便於將來查考之用。所以引文不求詳細，也不必細校，免得費時費力，將來如有須引用原文的時候，以原書作準。但倘是借來的書，或不易再得的書，引文必須精確校對，最好校後註出，以便引用時，不必再查原書。

如偶然有所感想，雖與前後各則無甚關係，也可列入，或另條記入，必須以實用為主，不要祇顧整齊劃一，而成一抄書匠。

應該承認自己知識的貧困，但必須要求有用的知識，不可為求知而求知。求知在於為社會主義的文化建設而服務，這是個基本原則。買書也要按照這個原則，而不是如馮友蘭所說的『買書是讀書人的一種快樂。』我平日節衣縮食買書，但都隨得隨失。看書偶有體會，也都隨得隨失，今後必須糾正這種錯誤，存書也要積累，知識也要積累，古語說『積微』是很有道理的。

錄中凡自出己意者，而又容易和原文混淆的，用『按』來表示，免得亂雜不分。又行文中『我以為』也是我自己的偶然的不成熟的想法，為了便於記憶，一併寫出。

要克服主觀主義，周總理指示我們必須以『知之為知之，不知為不知』的精神從事一切。而且要謙虛，尊重別人的勞動，都是最要緊的。

不要像熊瞎子剝苞米似的，隨得隨失，要求鞏固下來。

意見發現不對，隨時加以修正，切忌因循固惜。

這說明《日知日錄》是一個長期的計劃，革命了半生，終於可以安靜地坐在書桌前讀書、寫作了，他對學術的熱愛也終於有了著落。在《日知日錄》頭兩冊的首頁，父親都用隸書題寫了『時不可及，日不可留——墨子佚文』幾個字。父親喜歡墨子，收集了好多個版本的《墨子》，批校累累。《日知日錄》的第十册就是他的《墨子通譯》稿本。也許父親所珍重的就是墨子的這種珍惜寸陰『積微以著』的精神吧。這十一册劄記的最後一則，記於一九五七年四月。此後，父親再也沒有如此系統的劄記了。

在《日知日錄》第一册的首頁，父親還摘錄了傅雷翻譯的《服爾德傳》裏的一段話，服爾德現在都翻譯成伏爾泰：

服爾德：『我年紀愈大，愈需要工作，工作慢慢地成為最大的快樂，代替我一切已經消失的幻想。』『衰老和疾病都不能消磨我的勇氣，即令我祇開墾一方地，只能種成二十株樹，也已經不是白費的事業也。』

這段話，每每讀之，感慨萬千。我常想，父親以及父親那一代人，以他們的理想，以他們的熱情，以他們的勤勉，以他們的智慧，如果後來一直可以正常地生活、自由地思考，會取得怎樣的成就呢？

鍾䕢

目录

日知日录 第一册 一
日知日录 第二册 八九
日知日录 第三册 二九一
日知日录 第四册 三九三
日知日录 第五册 四八三
日知日录 第六册 五八三
日知日录 第七册 六八五
日知日录 第八册 七六五
考工记略 第九册 八六七
墨子通译 第十册 八九一
日知日录 第十一册 九七一

日知録 第一

日知日录　第一册

毛主席在「中国农村的社会主义高潮」序言里说：「问题是在一九五五年（1955）的下半年（1955），中国的情况起了一个根本的变化。中国的一亿一千万农户中，现在（一九五五年十二月下旬）已有60%以上的农户，即七千多万户，响应中共中央的号召，加入了半社会主义的生产合作社。……这件事告诉我们，中国的手工业和资本主义工商业的社会主义改造，也应该争取提早一些时候去完成，才能适应农业发展的需要。这件事告诉我们，中国的工业化的规模和速度，科学、文化、教育、卫生等项事业发展的规模和速度，已经不能完全按照原来所想的那个样子去做了，这些都应当适当的地扩大和加快。」中国古书说無逸，又说大禹惜寸阴。我们從每天有一点一滴的读书体会，即日记下，以备将来查考，亦即省时间，也为了▇省事。引文有时祇是摘录一二语，而且不及细核，▇以原书为准。要坚持下去，由少积多，来加强加快自己求知的速度。时不可及，日不可失，时时要记住这句话。永远往前看，不要往后看，而时至整个社会的改造与建设社会主义建设中汲取力量，工作才能实在有用。

時不可及，日不可留！——墨子佚文

服尔德云：「我年纪愈大，愈需要工作，工作慢慢地成为最大的快乐，代替我一切已经消失的幻想。」「衰老和疾病都不能消磨我的勇气，即令我只开垦一方地，只能种成二十株树，也已经不是白费的事业也。」

元吴中旧事记朱冲微花石纲事详细

又至和中乐安公守姑苏日常邱屋下水涌出竹箭数十茎，皆朱书有孝建年号，盖宋武时纪年也。薛颖叔自记于手藁，其孙世昌录收之。可见孝建时还有以竹简记事的。

平江纪事：陆龟蒙有蟹志，傅子翊作蟹谱，高似孙撰蟹略。

又吴门城平门旧名巫门，至大庚戌，古墳冢中得石徧（扁）上有篆書巫門二字故老云巫門咸商大成時賢臣也其墓在門東北三里許故以名門巫字與平字相似後乃訛爲平門攷之圖經云虞山有巫咸所居是則巫咸嘗居虞山而葬此也

清代大筭學家戴煦是畫家戴熙的弟弟。醇士做古錢叢話裏面幾次都提到鄂士、鄂士對武帝鑄五銖錢赤仄的解釋很對。

夏侯陽筭經上面有：在京諸司及諸州各給稱尺并五尺度斗升合等樣銅爲之。倉庫令諸量函所在官造大者五斛中者三斛，小者一斛，以鐵為緣，斟平印書，然後給用（以上今時用之也）註稽孫中原分兩行係正文下　夏侯陽據四庫全書的說法，就是隨人，也可以看出他的算經的作成，是為了課租庸調的實用，商業的需要而作的。

故宮餘錄記元朝的宮內：「又後為厚載門，上建高閣，環以飛橋，舞臺於前，迴廊引翼。每幸閣上，天魔歌舞於臺，繁吹導之，自飛橋而升，市人聞之，如在霄漢。」這是不是也可演戲呢，原文寫得不清楚。

制蓺科瑣記內載盩厔布衣李顒辭不至顒起因畯嘗

一就科举遂隱居讀書修明橫渠藍田之學

又艾千子自敘是攻擊科举的一篇很好的諷刺文。

又桃花魚條是說出封建社會女子有才也不能立節社會形以非轉男身不可。這類傳說正多。

劉蘭列傳說他鍛、公羊非董仲舒因此就活不久可見封建社會束縛思想的力量多麼厲害

霜猨集裏面記魏忠賢有淨軍十萬真是奇事

山中新語記：國朝尚食局上供麵磿磿置樓上機在樓下驢之蹂踐人之往來皆不相及且遠塵土臭穢叩之乃

巧人瞿氏所作也

又〻平江漆匠王　者至正間以牛皮製一舟內外飾以漆拆

卸作數節載至上都游漾於灤河中可容二十人上都之人未

嘗識船觀者無不嘆賞又嘗奉旨造渾天儀可以折疊

便於收藏巧思出人意表可謂智能之人今為管匠提舉

畏吾兒僧閭閭嘗為會福院提舉乃國朝沙律愛護持

南的沙之子世習二十絃悉以銅為弦余每叩樂工皆不能用也

唐人賀懷智以鵾雞筋為絃歐陽文忠公詩杜彬皮作弦

後人多疑之觀此或者亦可為系銅弦則余親見聞也庸

田監司左荅那失里乃闍闍之親弟

又〻增米、鋪二十鈔到即糶　可証都以票鈔為貨幣

又　死者給鈔一定孝者半定……

又　北庭王夫人条……取鈔酬之……

又聶以道條拾鈔一束、本條記聶尹賢明很好。

嵩菴閒話有〻夏小正曰正月啟蟄故漢氏之始以啟蟄為正月中雨水為二月節及晉太和以後始改氣名以雨水為正月中驚蟄為二月節至今相承不改

又跋尾寓道〻右張稷若先生蒿庵閒話二卷〻〻向有

真合齋磁版印本予假鈔於歷城…… 乾隆四十年十一月二十一日益都李文藻書於潮郡寓館、這裏提到磁版沐印本

又道光伍崇耀跋道：平生交游顧炎武而外則長山劉友生樂安李象先閱中李中孚王宏撰四人而已 又阮元儒林傳說他有門户之見

宋龔明之作的中吳紀聞記道：唐張繼宿楓橋詩……予以其說（詩話）未盡姑蘇寺鐘唯承天寺至夜半則鳴其它皆五更鐘

又六經閣記條：姑蘇自景祐中范文正公典藩方請

建學其後富郎中嚴徒之又建六經閣

又楊惠之塑天王像道〻慧聚寺有毘沙門天王像

形模如生〻〻徐雅山侍郎以此像得塑中三昧嘗記其事

謂其傍二侍女尤佳且戒後人不可妄加塗飾近為一俗工

修治遂失初意

又陳睦曾使高麗

又余燾欲改浩範

又秦娘吳之美婦人也劉禹錫詩云有時粧成好天氣

走上皋橋折花戲風流太守韋尚書路傍忽見停隼旟

宋詞有秋娘容與泰娘嬌的句子、大概就用這個典故。

又夜航船唯浙西有之然其名舊矣古樂府有夜航船之曲皮日休答陸龜蒙詩云明朝有物充君信櫑酒三瓶寄夜航

又記陸魯望集有蟹志

又有黃姑織女條

又干將墓在今匠門城東

又賈表之……此是年及得來非緣花石之故

又易承天寺為能仁寺

又頭巾帶條：：和我太學先輩被人叫保義・這裏用保義字樣極可注意、記得有人在光明日報副刊做呼保義攷

又吴中水利書條：：後记元祐中東坡在翰苑奏其書請行之

毛晉後記中有：吴中風土人文范文穆公吴郡志無餘憾矣

志雅堂雜鈔有：龔聖予云禊帖有大業閒石本後有隋諸臣銜位。然則在智永未藏之先此帖亦嘗入

御府。

又世采堂帖，為婺州碑工王用和刻

又吳道子過海天王圖、李思訓巫山神女圖、郭忠恕執閣晴峦宮殿四角皆見

又鉄篦刀一把，直十定，都是用鈔票

又他記楊彥德靈鴻草堂十志詩、林彥祥臨伯時本與現存草堂十志[illegible]詞多不合。因所記的詩原題為歌，兩者相比，現存的不如。舉一個例，現存的冪翠庭裏面有：皇徽兮綠水陰，德之愔兮澹急。皇寫下為玉

字周録詩為白玉徽，兮綠水音听之情情潛心，以白玉山徽音情情，為對。其餘不一列举，由這可證現存非原作。但尔不失為好画，題字尔佳，有唐人遺規。又倒景臺有，「世人登焉」，現本作「匪士登焉」也可證他是假貨

又琴間指以一與四、二与五、三与六、四与七為應，凡動第一絃則第四絃尔應，自然易動，即以羽毛輕纖之物試之，皆然，此氣之自然感者也。子昂云

又造琴名手：慶歷五年道士衛中正造瓊響，崇寧三年馬希亮重修，又唐僧三慧大師造秋籟

琴名手　唐雷霄雷威雷珏郭亮皆蜀人沈鐐張鉞
皆江南人蔡睿僧智永衛中正慶歷中宋仁濟馬希仁
馬希亮崇寧中並宋人

又有透光鏡一條　他親眼見到、又説止見沈存中筆談
言尔不甚明白他書無之　他又自作實驗、结果有透光
一半有透而不甚分明者蓋凡鏡皆透特有分明不分明耳

李公略藏雷威百衲琴　雲和樣琴　琴有越州瓷窯務趙
仁濟再修補吳越國王百衲雷威琴

又大鏡藏篋　有聲鏗然

又白玉簫管長三尺又白玉笙一攢其薄如鵞管
他也記李順條此較筆談簡略
又雪竇禪師即黃巢　又姚泓明馬皃林靈素姚平
仲　皆未死
又剪花名手俞敬之
又說道學道議論慣憒頭腦冬烘敝衣菲食出則以破
竹轎舁之以村夫高巾破履々然其家囊金匱帛為
世人不為之事　賈師憲則專用此等之士列之要路
又今之消息者不知起於何時然藥方千金方自有按

摩之術如十段錦之類是也唐時有按摩博士

又押不盧　為麻醉劑　他說華陀或用此藥

又風馬牛事脈度注云風放也牝牡相誘謂之風今人不肖子

昵昵於游蕩者亦謂之風子豈此意耶？（按聞一多曾主張

這一說法。

又喬仲山透光鏡博古圖有之乃六朝物、

又僧元靄畫太宗小本御容舒郜幞頭上插花五六枝三軟

鞿手持、毬杖弄、毬、

又吳道畫火星。

又吴道子藥師佛　又坐神立天王象

又善神立軸

右軍得告帖真跡快雪帖真跡　趙摹臨蘭亭真跡

褚河南小楷西昇經

汝南公主墓志真本

王維捕魚圖

又推閏約法

鬼谷算法　二十八宿　又有一分錢法

又推節氣法　但陽十五日兩時辰零五刻推之即是

又推立春法每年但相公五日三時辰推之

灵怪内有宣家侯張義傳 這也和蘇東卿一樣已失去

又墨粧图 周宣帝 宮人皆黄眉墨粧

王維〻摹冡 其像如生 李思訓溪山滿山皆小樹

郭忠恕飛仙故實

焦達卿有三寶 一孫過庭書譜真跡二 王逸少十七帖真跡

三不出户琴一張

吳彩鸞切韻一卷 其書先為二十三先二十四仙

又記阮孚圖極詳細可以看出魏晉的風度

又說有東坡書蔡君謨二小詩等就是現在所謂的

天際烏雲帖

唐琴萬壑松

顧愷之水閣對弈

收藏家有劉娘子

范寬雪山卷子

六朝人畫阮孚蠟屐圖

韓熙載夜宴图

閻立本西旅貢師子圖

王維畫孟浩然象

李公麟山陰圖

趙子固效湯叔雅作水仙圖

無名氏咸淳遺事無甚價值。裏面有重修天成歷成太史局序其事上奏，可做參考資料。

元熊朋來撰瑟譜說靈均之瑟九歌亦以瑟歌而合樂又說梁太傅惜誓之清商又如郊廟樂章漢房中歌十七郊祀歌十九梁十二雅唐十二和盖以歌瑟合樂

唐詩猶以陌上桑歸雁為琴曲

勝飲篇引天寶遺事長安貴遊子弟每春時遊宴諸名園載以油幕遇雨即以覆之當時已用油幕

又東坡詩趙子飲酒如淋灰一年十萬八千杯當時已有淋灰

金石林時地攷 白居易墓碑李商隱撰在龍門山河南府城北 又宋浣花草堂碑

郎潛紀聞 林則徐戍伊犁作荷戈紀程 倭仁在道著莎車

行記林則徐在西域叙水利開田至數十万餘畝

又程侍郎恩澤集記橡樹（菠蘿樹）飼蠶法甚詳

又孫星衍散館屬志賦用史記鵖鴝如果語和坤指為别字抑

置二等

又陸清献年三十八下第出都由水路南旋於水道之源流漕

運之奧窔及古人名蹟無不詳記

又鄭成功鑄常平錢 孫可望興朝 吳三桂 利用 耿精忠

裕民 王耀祖（西吉酉）號大慶 魯王 大明通寶

又筆帖式為滿洲進身之一途 滿語為巴克什

又有清朝滿語官號

又巴圖魯譯言好漢 其元史稱拔都拔突霸都魯等類字异義同

又御史巡城諺諺中城珠玉錦繡東城布帛菽粟南城禽魚花鳥西城牛羊柴炭北城衣冠盜賊

又梅文鼎著天學疑問三卷

又聖祖諭梅瑴成幾何原法曰西洋人名此書爲阿爾熱八達譯言東來法也

勝飲篇 王績述焦革法爲酒經 按王績曾以焦革配祠

杜康　又以杜康以來■善飲者為酒譜

又宋田錫著麴本草宋林洪作新豐酒法

戰國策■帝女令儀狄造酒而進於禹

明女史周淑禧詩酺有新糟醱有醽杜康橋上客題詩最憐苦相身為女千載曾無儀狄祠　淑禧江陰人

又酒船　飲器如船式也牧之詩[illegible]槽厭酒錄船諯……亦稱酒橈酒舫瓇丹瓇舟

又偏提　即酒注子也唐太和中内官以諱鄭注名略改其式名曰偏提韓偓詩忽聞仙樂動賜酒玉偏提

胍匿　九边志胍匿式如罂小口大腹方底可受酒酪　又

小罋　酒榼名

周禮酒有泛齊謂浮蟻現在東北口語仍說泛齊

又伍崇曜跋茶餘客話郎窯者巡撫廷佐所造仿古

酷肖今之所謂成宣者皆郎窯也

郎潛紀聞卷三引柳南隨筆記老爺大老爺大人稱謂

区別法

又明史稿本實出吾鄉季野先生（萬斯同）而華亭王氏

攘之

又朱竹垞以七品官終身

又鄒平馬驌宛斯著繹史百六十卷〔按〕分甘餘話記康熙[blacked out]南巡買了他的板，後去絕版

又繆炳泰能寫像

又卷四有庫藏銀數可做參考資料

燕下鄉脞録 卷三 袁枚曾作姚尚書神道碑

卷四 前卷朝鮮人私謚翁覃谿為文達苏誦張石洲㐆齋

集方朝鮮貢使題書詩知貢使之師金正喜前充[blacked out]貢使別為

阮堂 朱武麻学啟蒙中國久佚阮堂於其國得之展轉入儀

徵手乃囑羅君次球較録付梓石洲亦曾以儀徵所著詩書
古訓及自撰林亭年譜郵贈 按張石洲名穆平定人
又琉球貢船出入閩疆歲領時憲書又藥材及時覈航海鍼法
又萬古愁曲子沈樹鄴詆壞於古聖賢君相信筆詆訶而
獨〻痛哭流涕於桑海之際蓋明遺民歸莊元恭所作魏
叔子元恭壽序及之沈繹堂詹事荃謂世祖章皇帝嘗見
此曲大加稱賞命樂工歌以侑食
又吳薗次以順治九年拔貢生授中書舍人負才望尤以詞曲
名奏詔譜楊繼盛傳奇譜成稱旨即以揚繼盛之官官之時以

為奇榮雅遇〻〻或曰今崑曲有鳴鳳記院本演椒山劾嚴嵩事殆昂藺次所撰〻〻第敬黎洲先生太夫人嘗有壽日見鳴鳳記因之慟哭一事見黎洲子百家跋子劉子所作後序後是鳴鳳記明末已行藺次所撰當別一本試易諗之識曲者

又康熙曾賜儀器與梅文穆 一日又賜熱河光木供之几案光皎如月諭曰以助汝鉤稽布算之勤勤也諭德有奉勅賦夜亮木詩 熱河產夜亮木不知是什么木頭是什么道理恐怕是礦石誤作木頭 也未可知。

又包慎伯作甘泉薛傳均子韻墓碑有禪於算學按記師承

雲中鮑珍稗勺載瓜以哈密為上

又鶴汀相國賓尚阿道光朝嘗出使朝鮮封攜彼國中紳⋮詩翰一冊（按申緯字紫霞）歸示朝士筆墨爛雅稱覃溪先生曰翁文達蓋東人私謚也見燕下鄉脞錄卷二

又林文忠戍西域時南中紳民有贖鍰之舉

又関天培与林任營十臺

又雍正二年特旨令前明後裔世襲侯封⋮⋮諭旨稱於筵中嶺出

又天津城南有水田二百餘頃號曰藍田因田為康熙間總兵

藍理所開濬也

又■塥子溝 淤泥渠坑也 國語云原

卷二有江樓夢條，即蔡子民用來作為根據的。

又竹垞訪永樂大典不獲……紀文達云在翰林院署齋戒

始於敬一亭上得之 按鮚埼亭集謝山先生嘗与臨川侍郎就翰林院同抄永樂大典中秘帙是物色古書不始於文達或秘閣清嚴便編纂究自二公後無問津者故文達以為創舉耳

又趙谷林徵君昱家藏側理紙蓋南越人以海苔為之質堅而

膩安不輕有

張穆顧亭林年譜邸報至崇禎十一年方有活版自此以前並非是活版。這應該稱作中國有報紙的開端。

崇禎己卯二十七歲秋闈被擯，退而讀書。

三十一歲癸未 讀經史，輒有所筆記。

戊子三十六歲 采耿橘蘭錫水利書。

九年壬辰四十歲，鈔書自序：年四十，斐然欲有所作。

康熙元年壬寅五十歲 作郡國利病書序。

二年癸卯五十一歲 訪傅青主。十月，訪李中孚於盩厔，遂訂交。

穆案：中孚生於天啟七年丁卯，少先生十四歲。二曲集中孚年譜云：癸卯十月朔，東吳顧寧人來訪，寧人博物通達，上下古今，靡不辨定，既而嘆曰尧舜之知而不徧物急先務也吾人當務之急原自有在舍而不務惟敝精神於上下古今亦猶正昔人所謂拋卻自家無盡藏沿門托鉢效貧兒也寧人為之憮然文廣師云堅苦力學無師而成吾不如李中孚

五年丙午五十四歲十月著韻補正成。

六年丁未五十五歲、刪訂近儒名論甲集、關雎音學五書於淮上、張力臣弨父子任校寫之役。

十五年辛亥五十九歲、點定荀悅漢紀、寄王高士錫闡一首。錫闡字寅旭一字昭冥號餘不亦號曉庵又號天同一生吳江人精於歷術著有大歷統西歷啟蒙丁未歷稿推步交食測日小記三辰晷志圖解曉庵新歷法歷說歷策左右旋問答諸書

十八年己未六十七歲。

元譜 先生與從子書云新正已移至華下祠堂書院之事雖皆秦人為之然吾亦須自買堡中書室

一邢水田四五十畝為饔飧之計秦人慕經學重處士持清議實與他省不同華陰綰轂關河之口一旦有警入山守險不過十里之遙若志在四方則一出關亦有建瓴之勢

按他這書中說得很清楚，但顧亭林的缺點，就是當時祇看見士大夫而沒有和農民完全結合在一起，所以他沒有能盡到當務之急。

十九年庚申六十八歲。是年公肅擢左都御史，原一以贊善充明史館總裁。

王山史山志曰：博稽詳研，發前人所未發，為不朽之業者，顧亭林之於音韻，梅定九之於歷數，顧景范之於地理也。

潛邱劄記有與戴唐器書云：十三聖人者錢牧齋、馮定遠、黃南雷、呂晚村、魏叔子、汪苕文、朱錫鬯、顧梁汾、顧寧人、杜于皇、程子上、鄭汝器、吏喻嘉言、黄龍士凡十四人。

居延漢簡考釋五十四頁 簡：建武桼年四月戊辰，甲渠鄣守候憲敢言之。前移隧長四 考釋：漢人七多假為桼，莽衡亦作桼，与簡文同。史記六律五聲八音來始，來則桼之譌字也。吳禪國山碑及天發神讖碑並以桼代七，至後魏程哲碑遂書桼作柒，唐人沿之。廣韻漆字俗字為柒，蓋仍唐代字書之舊也。

漢簡：卷遝百，不知是什麼，有工夫當考定。

顧言吾道：古今安得別有所謂理學者，經學即理學也，自有舍經學以言理學者，而後邪說以起，不知舍經學，則其所謂理學者，禪學也。故其本朱子之說，參之以慈谿黃氏東發日抄，所以歸咎於上蔡、橫浦、象山者甚峻。（見全祖望鮚亭集神道表。

五代後漢劉智遠立國二年，共四年。乾祐二年恩道和尚塔記裏面記有陝州畫人張弘信的名字。

文徵明刻停雲碑版中，有顏魯公書朱巨川告，可以看出唐告式樣。

五代楊凝式乾祐元年書神仙起居法，即按摩術。原文：

行住坐卧處，手摩脇與肚，心腹通快時，兩手腸下踞之，徹膀腰，背拳摩腎部，才覺力倦不即使家人助，行之不厭頻，晝夜無窮數。歲久積功成，漸入神仙路。乾佑元年冬殘臘暮，華口焦上人尊師處傳。楊凝式。

歸谷有：至小無內，至大無外，的話。恐怕不是他說的，是引前人的話。待查。

梁啟超錯引坊本「間話」為增一「可」字，胡適承其誤，且為吹噓。

文子：凡雖齊，必有危。注：危，不正也。

漢熹平石經據董伯思東觀餘論：獨刻者陳與

名姓甚完。

董逌廣川書跋：：石經不盡蔡邕書，如馬日磾輩相与成之。

孫星衍訂魏三體石經異字敘平津館本刻字人劉文楷

孫星衍平津館本古刻从鈔內載漢初本簡：：漢永初討羌檄：：永初二年六月丁未朔廿日丙寅得車騎將軍莫府文上郡國屬國都尉二千石守丞廷義縣令三水十月丁未到府受印綬發夫討畔羌急急如律令。

馬毋疋驪盛二百頭日給

右宣和中陝右人發地得木簡一甕字皆章艸朽敗不可詮
次唯此檄完中貴人梁師成得之富以入石未幾梁卒石簡俱亡
故見者殊鮮吳思道親睹梁簡……米元章淮鮮帖卷內稱
章艸乃章奏之章……則章奏移文悉以章艸從事亦自
然之埶……右軍作艸猶是其典型故不務為冗筆遠張旭懷
素輩出則此㳒埽地矣……乾道……陽羨張駒書

古刻叢鈔第十八 唐故右內率府兵曹參軍宋府君夫人南陽
樊氏誌銘 後有助圓鐫三字

黃文弼羅布淖爾考古記木簡考釋 一八五頁：又戊巳之

各顏師古百官表注曰「甲……癸皆有正位，唯戊己寄治耳。今所
置校尉，亦無常居，故取戊己名也。一說戊己居中，鎮覆四方，今
所置校尉亦處西域之中，撫諸國也」胡三省注資治通鑑是其前
說而否其後說。余按二說皆非。戊己校尉居車居前庭，史有明文，
不得云無定居。車居近漢，不得謂處西域之中。……是知戊己校
尉非有天子詔不得徵發，故以戊己名之，猶言中央之校尉耳。
又漢時尚未有以干支記事者，故仍依舊以日月之運行分時
刻、飲食起居，或以此為節焉。
又工四五九 口亦欲毋加諸人子曰賜非，按論語公冶長章：「子貢曰：我

不欲人之加諸我也，吾亦欲無加諸人。子曰：賜也，非爾所及也」。今以漢簡校之，無作毋，賜下無也字。唐開成石經与今本同，則增也字已远在唐前矣。……故此簡所書論語，不惟在鄭玄之前，且在劉向之前矣。

史略載周書十一卷竹書内書。命順解〻權以知始〻始以知終。常順解〻又好事性人之弟。修《纏疰解》有道故國用之。武順解〻之道尚右，日〻西移，地道尚左，水道東流，人道尚中，耳目役心。

東軒吟社畫象，載胡敬从永樂大典中輯得，施鍔淳祐臨安志殘本十六卷，大元海運記一卷。又輯南薰殿圖象考。

又趙鉞原名春沂，號雲門，著楚詞名物考若干卷。

史略，江南古本史記傳考：江南史記為唐薩回本但存列傳而已……伯夷傳今本得孔子而益章江南本曰得孔子而名益章。管仲傳管仲得用任於齊江南本曰管得用任政於齊，老韓傳居子得其人則駕不得其人則蓬 江南本人字並作时莊子傳申不害京人也江南本曰荊人也司馬穰苴傳畢法期而後旹云何江南本曰期而後至 右江南本同異凡四千三百五十條今略舉四五端一字之間意味固自不同最如刺客傳云叙堅故不能可拔而江南本作叙豎亢為有旨叙堅安得不可拔也耶史略、載：又觀宋景文公史艸則佳紙瀾行筆史所書其艸乃兩侍從劉史之舊所易幾盡今以新傳比舊傳刪一時辭臣奏疏往往攛改幾罷所存不一二

又景文公修唐書韓文公傳全載進學解諫佛骨表潮州謝上表祝鱷文殊不甚竄改於進學解頗易數字以拓诘生為召障百川而東之為障字跋前疐後為躓字韓公本用狼跋詩語非誤也、甚其他以爬羅剔抉為把羅剔抉焚膏油為燒以取敗邪時為其敗

又七略中古書：太古以來年紀　黃帝歷　黃帝四經　黃帝

銘孔甲盤盂 風后 蚩尤 力牧 顓頊曆 夏殷周魯曆
伊尹 太公 辛甲 史籀 宣帝時 尸佚 成康時
又山海經二十三卷 郭璞所註 又有山海圖贊二卷 山海圖
音二卷 又有山海經圖十卷 舒雅等所修也 本朝按越絶
書禹治水巡行天下所歷山川命伯益記之爲山海經
又予閲諸經疏惟春秋左氏傳疏所引世本者不一因采摭
彙次爲一書題曰古世本
又後漢書百官志注引援皆古書奇書特爲精絶
又水經三卷 漢中大夫桑欽撰 ：： 魏收稱其人歷覽奇書是

固有得於世乎……唐李吉甫有删水經十卷是雖手删而晉僧道安有水記（記四海川水源）、庾仲雍有江記、漢記，其援引攷訂皆不及此

又……郎中傳瓚，瓚即師古注中漢書所引臣瓚者也，時所書用二之黃紙

又穆天子傳……與太史公記合……所歷佐奇於山海經者

山海經、墨子曰、昔秦穆公有明德，上帝使句芒賜之壽九年

繆史記作繆……史家恬侍風俗通皇霸篇以繆與惡謚。

子仲之子，嚴氏云，子，女子也，愚案以下文婆娑觀之，字當从女，則子仲之子，即女巫是也，此亦足以备異聞，見詩氏族考。

諸天講日本以隕石鉄為刀劍原料有五十六塊保存于其
帝宮博物館……吾粵城九曜坊之九石則隕石也
又阿毗達磨俱舍論卷十二救為五十三級又增至六十級
又元有札馬魯丁之萬年曆
又回回曆法西域默狄納國王瑪哈麻所作也……其曆元用
開皇己未即其建國之年也洪武福得其書於元都……命
翰李翀吳伯宗同回回大師馬沙亦黑等譯其書
又左傳曰人有十時中國古者十時每時分百刻每刻分百秒……
惟以鷄鳴日晡等為名而未以干支紀时

又卷十四引徐光啟晝測日夜測星法又定時之法以天合天造日晷星

晷

津逮秘書泉志屬武林徐仲和手草

拾遺録：不舍晝夜 晝夜釋文音捨 集注亦云上聲 而楚詞辨証云引

洪引顏師古曰舍止息也屋舍次舍皆此意論語不舍晝夜謂曉夕不息

耳今人或音捨者非是辨証乃朱子晚歲之書當从之

又孔叢子孟稱號稀遠之亦不免

又論語疏按春秋少陽一兩伯禹姓墨名允字公信伯長如

夷謚叔齊名智字公達伯夷之弟齊亦謚也

又上蔡云聖人語常而不語怪語德而不語力語治而不語亂語人而不語神本王無咎之說

又王充曰浴乎沂涉沂水也風乎舞雩風歌也仲長統云諷於舞雩之下以風爲諷則與詠而歸一意矣

又公伯寮非孔子弟子乃季氏之黨致堂胡氏之說當矣

又柳子厚與太學諸生書曰仲尼吾黨狂狷南郭獻譏 按孫子法行篇南郭惠子問於子貢曰夫子門何其雜也非以狂狷爲譏

又文選陳孔璋爲曹洪書云有子勝斐然之志注引墨子曰二三子復於子墨子曰告子勝爲仁子墨子曰未必然也告子爲仁猶跂以爲長隱

以爲廣不可久也滕蓋告子之名豈即孟子所謂告子歟

琴張注謂子張善鼓琴號琴張蓋未然左傳有琴張

又說苑景差相鄭……此即孟子所言子産以乘輿濟人之事也叔向之附鄭無景差處以孟子爲信

又致堂曰楊朱與老聃同時墨翟又在前宗師大禹而晏嬰學之以爲楊■墨■出於師商者也不詳矣

又呂氏春秋舜行德三年而三苗服孔子聞之曰通乎德之情則孟門大行不爲險矣故曰德之速疾乎以郵傳命此可以證孟子引孔子之言

又孔子孟子皆未之秦荀子入秦而謂其無儒

又孟子古本當於洫水 水經注濡水出時水東……今本作畫

又陸機為詩艸木疏劉杳為離騷艸木疏王方慶有園庭艸木疏 李文饒有山居艸木記

又宋景文公云前代自題簽記官爵闕後世著書由何始

又夾漈金石略云祀巫咸大湫文李斯篆愚按方回氏跋詛楚文以為秦惠文王二十六年石湖所謂攷惠文王之死後百餘年東巡泰山刻石則小篆非出於李斯

又宣和中陝右人發地得木簡于（按喚應作一）甕（按應作甕）

皆章草撥去永初二年六月丁未朔七日丙寅朱子答吴斗南書謂漢討羲徽日晨與通鑑長歷不同蓋指此也今考通鑑安帝永初二年六月乙未朔後漢紀五月有丙寅、七月有戊辰恐當以長歷爲正（據石刻从刻爲廿日、安作七日不知兩本皆何所據）

又李衡識字說曰讀書須是識字固有讀書而不識字者如孔光張禹許敬宗柳宗元非不讀書但不識字孔光不識進退字張禹不識剛正字許敬宗不識忠孝字柳宗元不識節義字此可爲學者之戒

又

周越書苑云郭忠恕以為小篆散而八分生八分破而隸書出，隸書悖而行書作行書狂而草書聖以此知隸書乃今真書趙明誠謂誤以八分為隸自歐陽公始庾肩吾云隸者今之正書張懷瓘云隸書云者程邈造字皆真正亦曰真書千文云杜草鍾隸王羲之尤善隸書

又：矜人臣高能高天下以聲史記謂殷紂也 野處艸葉

又俗語皆有所本如利市出易說卦左傳難為人出表記擔[illegible]左相刺不當用之

負出詩先鳥箋。折閱出荀子。生活出孟子。家數出墨子。服事出周禮。大

司徒從事出陸士衡詩。分付出漢源浮傳。交待出蓋寬饒傳。區處出黃霸傳。多謝出趙廣漢傳。丁寧出谷永傳。什物出後漢書宣秉傳。自由出五行志。曉示出童恢傳。主妾出劉陶傳。意智出鮮卑傳。卑末出欒巴傳。告示出荀子仁者好告示人。布施出周語布施優裕。比校出齊語。行頭出吳語。當日出晉語。地王出左傳。越語。相於出晉后妃傳。料理出王徽之傳。長進出和嶠傳。消息出魏少帝時紀。功夫出王甫傳。普請出呂蒙傳。手下出太史慈傳。牢固出陸抗傳。鄭重出王莽傳。分外出魏程曉上疏小部。出宋紀。間介出長笛賦間介 多谿。要羅出南史顏竣傳。本分出荀子見端不如見本分。措大出五代東漢世家。假開出王峻傳。本色出唐劉仁恭傳。古老出書無逸注。商量出易商兌注。不宣備出楊德祖答臨淄侯不能宣備。生人婦出魏杜畿傳。私名出列子。家出公出列子主人公也。致意出晉簡文紀。傳語出後漢清河王慶傳。收拾出宋武紀。尋思出劉矩傳。不害出韓詩外傳。世情出纆子不無世情。適來出孔明出師表。謁事出思元賦。和買出左傳正義。阿誰出蜀龐統傳。罷休出史記孔武傳。慚愧出齊語。安排出莊子。叱眾出周禮太司馬注。見在出楚人注。族究出書泰誓注。先境出曲禮正義。吉宰師出左傳。先輩出詩采薇箋。如今出詩邶箋。本貫出晉江統論。十字街出北史李庶傳。見錢出漢書王嘉傳。

【按】這可以證明从前多以白語寫書，並非從書中來的。

又四庫全書按語……純集註从說文纊引儀禮疏古緇紂二
字並行釋文云純音緇衣字象旁才後人以才為屯因作純是純即
緇也君子不以紺緅飾孔氏注一入曰緅纊則引爾雅考工記以正其
誤又莊子之勇集註云見說苑纊則以為先見荀子邦無道則卷
而懷之集註謂於孫林父甯殖放弒之謀不對而出纊則據左傳謂
殖當作甯喜子見南子陳自朋以為南蒯纊則據左傳南蒯叛時
孔子方二十有二子路少孔子九歲年方十三詆其說為不通其孝經
類中范祖禹古文孝經說言之不通如句纊謂誤以司馬光註為經文

其孟子題中擘頂放踵據李善文選註所引放作致於二字
狗彘食人食而不知檢據漢書食貨志所引檢當作斂趙岐註
以曾西爲曾子之孫以曹交爲曹君之弟集註並從之炳則據左
傳鬬宜申公子申字皆子西證當從經典釋文以曾西即曾申據
左傳哀公八年宋人滅曹證曹交乃以國爲氏非曹君之弟又據
呂氏春秋紀孔子置郵傳命之言爲論舜服三苗其小篆
數中據參同契證急就篇之先後丁據詛楚文在秦惠文王
二十六年知小篆非叔自李斯據顧命齊侯呂伋紀竹書稱太
公卒於康王六年之妄據張説謝碑額表紀以季札墓碑爲孔

子書始於唐人。……

趙儷生顧炎武傳略粗略無見識，李二曲的「當務之急」，歸莊的「萬古愁」都應給以極端的重視。對乾嘉諸子的市民意識則一筆抹殺，而祇有比他們在前的顧炎武具有，這是不科學的，把當時的學者不入於朱則入於王，也是不恰當的，當時這些人為什麼很推崇張橫渠，那就表示要在朱王以外了，顧炎吾也說過「今之理學，禪學也」，這樣的話，顧炎武本身是講實踐的，實踐本身就是唯物的，從實踐方面求顧炎武的唯物的基礎。

表忠紀得都是自然的法則，都是生活中最常見的事物的法則，所以要在最接近生活的方面去求。文學正是反映了或記錄文民族的生活，就是把你直實的生活記錄，而不真正是文，但因為所是紀錄農業社會形創的生活，也會和文相去不遠，何況文有三正，此其六小者，大蓋也會从這裏找尋出文民族的生產的情況來，所以是值得研究的。

文學，墨子，論衡，是值得研究的。

山海經，穆天子，竹書，楚辭，古詩十九首，詩，魏晉諸詩諸是值得研究的。

杜甫，白居易，陸游，蘇東坡(?)是值得研究的。

切忌跌進煩瑣的訓詁裏面去，應該從愛國主義出發，求其當務之急，求其被歪曲的搞正之，求其隱沒者光大之。

楊樹達釋甲骨甽為礦字，殷時是否有礦之認識，是很有意味的事情。

李斯的小篆是漆書，詛楚文是金文，這應該區別開。

貴州是梯田，但開發極不普遍，如將各小山頭，找出一主峯，在主峯上鑿池儲水，然後以毛竹為管，流水分布各梯田中，可保水土，並可調節雨量，這是我在貴陽親自考查的。

內經素問應該注意。應把成書年代考出。

王船山繼承張橫渠「無無」是樸素的唯物主義者，也要找出產生他的思想的物質基礎。張橫渠認為當物之散，未必是無。

夢溪筆談卷二十二：瓦松為垣衣，正段成式之謬，車渠蛤亦正康成之謬。

又二十四：有淤田法。又言工人造轄軸起撓杆，恐怕就是絞車。又有荔拔小挾法。

又卷四：「雲土夢作乂」據尚書古本語，可見古本也有長處，不可因為一個偽字便完全抹殺。

卷二十三濉陽發汴堤淤田叔融引水入甕城，那道理就是後来的蓄洪法。這條很少人引用。

又遠景鏡周密实驗過，但直至今日不明他的道理。

禮記：人死而不吊者有三，曰畏，厭，溺，因为这三種都不是自然的死，是自己的不是，所以不吊，足証中國从古就是珍愛生命的。禮常常用在積極的方面，但後来的儒，常常把它積極的部分取消，成為統治者的很好的工具。

敦煌出土毗婆沙序：司南既任，則羣迷革正，指歸既宣，則邪輪輟駕。指歸也就是司南。

日本考古家把古鏡花紋排成次序，按照時代成為系統，鏡子常和别的東西一齊出土，由鏡子就可判明年代。

葉水心吳次尾也值得研究。

王樹枏新疆訪古錄記 漢張侍至奚殘碑 西域水道記云張傳至殘碑在伊犁南山中文字剝蝕尚餘二十字進鴻鈞於七五遠華西以八千兩搜火藏北橫大宛。

漢裴岑紀功碑，有描失之蹟者乃是真碑。……是由篆變隸之漸 漢碑多此疢即灾變宊為疢犹寫作寫也 重刻本或誤作疢而金石圖誤因之生氏又訛之艾為大文義乖違此其最甚者也。

喀什噶爾山洞石壁古畫，槐西雜志云喀什噶爾山洞中石壁劖平處有人馬像，回人相傳云是漢時畫也，頗能護惜。

又北朝……以百念為憂，言反為變，不用為罷，追來為歸，更生為蘇，先人為老，趙之謙有手書六朝別字考。

又後周書趙文深傳，太祖以隸書紕繆，命文深與黎景熙沈遐等依說文及字林刊定六體，成一萬餘言，行於世。

隋書經籍志云：初晉元熙中新豐沙門智猛策杖西行，到華氏城，得泥洹經及僧祇律，東至高昌，譯泥洹為二十卷，後有天竺沙門曇摩羅識復齎胡本來至河西，沮渠蒙遜遣使至高昌，取猛本，欲相參驗，未還而蒙遜破滅，姚萇弘始十年。本始至長安，譯為三十卷。曇摩讖又譯金光明等經，時胡僧至長安者數十輩，惟鳩摩羅什才德最優，其所譯則維摩、法華、成實論等……按晉元熙元年為蒙遜玄始八年，越三十年而蒙遜死，是時為宋元嘉九年，魏延和元年也，姚秦弘始十年，前於元熙十一載，是時智猛尚未西行，長安何由得猛本而譯之，所記似有舛誤。（晉元熙中姚秦已亡二年矣。）

王仁俊《敦煌石室真跡錄》云：按北涼且渠安周造寺功德刊石在新疆喀喇和卓城出土，光緒二十九年後為德意志國運至柏林。

北凉写经残卷，张休祖写。

北凉佛说菩萨藏经残卷，书吏臣樊海写。

蠕蠕永康五年写经残卷。

魏氏所抄三国志韦曜华覈残传　又有论语君子易事而难说。数段，未知何时所抄。

梁萧伟写摩诃般若波罗蜜经。

梁大同元年金刚般若波罗蜜经残卷，末署大同元年正月一日散骑常侍淳于（下）[illegible]于芮芮愿造……芮芮即蠕蠕亦作茹

茹爾作柔然蓋滔于某在前時造此經後至梁朝卒究斯願也

卷二 唐姜行本碑

……貞觀中為將作少監護作九成宮洛陽宮及諸苑籞以幹力稱蓋其智巧精於營造則其伐高昌造攻械事與碑合……碑文詳敘行本造械云機檐一發千石雲飛墨翟之拒無施公輸之巧詎比……碑書芳猷作芳醱苑天山苑即宛憖彼蒼生憖當作愍廣韻憖聽也與愍字義別此殆避太宗諱借憖為愍也繇十昂亭十字撼捨一發千石雲飛者左傳旝動而鼓音釋又作檜建大木置石其上

發機以鏃敵者也 高篤弊曰 弊即蔽字

漢班超碑爲姜行本所磨 煥彩講漢沙南碑爲某筆帖式所鑿 可使全名之誥敕

唐上元二年四貝馬私契 …… 趙文同更用長爲帛練二字已破爛

唐儀鳳二年北館廚牒

唐張懷寂墓志銘

唐武后時寫經殘卷

唐久視元年彌勒上生經殘卷 …… 白衣弟子氾德達 ……

唐五藏碑

唐天宝解朴瑞状

丁谷山石刻　西域水道记　丁谷上……有石室五所高大似

崇二丈许就壁鑿金佛相数十

沙门题名

龍岩石刻　山麓有千佛洞

元中统元宝交钞　有图　按宋高宗金始设印造钞

引及交钞库

元千文钱樸

沙雅磨城銅砖　在渭干河西岸濬渠引水……獲舊銅砖

三
二　有天下太平字

殊書古專墓誌……以延壽日七年……考歷史均無延壽年

號當是西域僭號

〔按〕戴醇士釋圜化第二品為垣（見古泉叢話）很對，朱楓古金待問録牽强附會，不如戴的實事求是。朱楓所説的神農貨，洪遵泉志一文錢，董逌曰考古文此字為巨泉蓋圜錢也，也都是垣字。朱楓所説的葛天氏之敎卯就是戴形釋的襄垣錢、朱楓形釋的太昊錢、卬戴形釋的魯曰錢。圖形的垣錢即鏟形的演變。甲骨有亘字，禹貢：西傾因桓是來、浮于潛、逾于沔，注西傾山，名桓水。自西傾山南行，因桓水是來，浮于潛，漢上曰沔。這錢就是建國在桓水的諸侯造的。朱楓一定要把的字釋作太公也是太不考究了。又鄭士第曰：……古者以貝為貨故貨從貝，若以金則貨當從金，鈋即化貨之義，省則化貨故金文有化字，無貨字。鈋音猶僞，古之當二。

又莒刀出土率北直山東未曾有莒刀也此語聞之燕亭

燕亭東武人當不謬。

乾嘉時吾杭癖古泉者甚多謝和甫李康家未曾

擕姜佁晉盦所集拓本一部來，搜羅最畧備。中有吳愙庵、馬愛林、周養浩、童佛庵、陳秋堂、黃小松、金矩孟、周爾昌、錢同人、倪米樓、賜佳木夫、王檢宗、醫大興公翁宜泉、吉蘇與六、張未来諸君拓本。

又秦权錢，我有一枚，第十九，恐怕是仿造的。

又：「鄂士弟云：舊稱明月錢者，明字與莒刀之莒字無二，月字與一刀之刀字無二，此必鑄在莒刀後，以錢當刀耳，一刀又與明月並鑄，言一錢值一刀耳。余深然之」。〔按〕明刀之五作乂，我以明月為「圜刀」。

又：「唐國通寶，南唐李璟鑄」。按此錢有八品。

又：永安鐵錢見爽堅志。

又：廣政錢不易得。

又：一太平元宝甚古，且字，遼聖宗錢極少，一太平通宝，甚粗惡，背有星或横竪，不識何時錢。吳孫亮、梁敬帝、北燕王跋、魏太和時柔然豆崙伏古敦可汗皆號太平，然不應有通宝錢，其餘逆人擅號，悉不得鑄錢，又享里不似私鑄，或唐以後外國錢，余頗疑亦遼聖宗錢，前人未經道及耳。一即太宗錢，最多最精，……史稱今建大鑄，並行故當有大錢，然但見拓本而已，不能知制作也。我有一枚太平

重寶 幕宝陕局錢，當是宋錢。

「重和建元祗西字錢，少，故難覯。」我無意中得之一隸書錢。

遼鑄天贊、應曆、乾亨，統和、太平、康國、天咸不可得也。天贊僅陳枚堂有之。天贊錢也是無意中得之，今又得一咸雍鑄，已殘，此錢尚多。天贊款不可得。

「夏鑄以天盛元寶為最多，元德為最少，皇建、光定介乎二者之間」，天盛現仍多。

「又龍鳳通寶，韓林兒鑄，林兒號宋，據亳州也。錢婦墜此日收之故較少」。我有一枚，[illegible]。

又天佑通宝，張士诚鑄。士诚號周，據高郵，稱天祐。史作佑，今錢乃作佑，元祐盖宋哲宗號，然。然竊歡天佑錢制作文字，實元末時風尚。我有一枚摹文。

錢宝琮古祘考源：今本夏侯陽祘經為唐韓延所纂，序文當亦為其手筆。

請胡渭易圖明辨。

又中國古代記數之法，書契而外，有積祘之制，或稱籌策，投壺、較射，皆釋祘數獲，以殺勝負。儀礼鄉射礼，從記。

漢書：「用竹徑一分，長六寸，二百七十一而成六觚為一握

布籌有縱橫兩式

縱者為 𝍠 𝍡 𝍢 𝍣 𝍤 𝍥 𝍦 𝍧 𝍨

橫者為 𝍩 𝍪 𝍫 𝍬 𝍭 𝍮 𝍯 𝍰 𝍱

數位有〇者空之

古數學家又製赤黑二色以分別正負

參觀勞乃宣古籌算考釋

數術記遺述天目先生之言曰：「隸首注術，乃有多種，及余遺忘，記憶數事而已。」下述「積算」等十四種。

九宫祘，見漢儒所創之三行縱橫圖也。

（六朝時）中國與印度交通已盛，隋書經籍志補有婆羅門祘經三卷，婆羅門陰陽祘歷一卷，婆羅門祘法三卷。唐開元六年（718.A.D.）太史監瞿曇悉達受詔譯九執術

以摹寫[illegible]布筭之式，用代數字者，未知始於何時。新莽時布貨文字，……以籌式代數字，惟五字之式為一亘在上，與今不積，五不隻」之成法有別。（注見黃本驥讀書筆得卷上）唐人論「籌法多橫直」多考，有俯仰向背之法，若直如筭子便不是書」（注語見梅文鼎古筭器考）筭子即筭籌也。宋蔡示九宮筭譜

範皇極數所紀標位，一至五皆低於，六至九皆猶一於上以資五，則竟以籌式為符號矣。

又，又籌式，楊輝書中無採用之，

明清二代籌制失傳，通標用珠盤尚習用一種數碼標法統宗稱之曰暗碼

珠盤之式見於程大■位標法統宗為最古（1593 A.D.）標法統宗所載紹興（1131-1162）淳熙（1174-1189）以來刊本標書，有盤珠記之盤集籌目…… 楊輝乘除通變標寶（1294 A.D.）著有九歸詳說，朱世傑數學啟蒙（1299 A.D.）亦有乘除歌訣。

珠算之起，亦当在宋元之交（请见许桂林算牖珠盘四考一）而盛於明代。

秦九韶数书九章为论方程式之要诀。杨辉详解九章算法纂要……大致与秦术相似。元朱世杰算学启蒙有方程式正负九问……四元玉鉴亦有方程正负八问。

明代浅陋，古籍寝失，治算者徒凭肊测……吴信民九章比类，程大位算法统宗等均为有数之著述。而於方程算法，类皆沿讹踵谬……且谬为歌诀……（请见梅毂成增删算法统宗卷八）明末西算传入，算理渐明。然同文算指通编卷五所载雜和較乘法，以筆算新理，通方程舊法（注■舊法謂明代■發行之五乘對減法也）皆李之藻氏采古人之法以補之，非利馬竇所傳入也（注語見梅文鼎方程論卷首餘論）

……康明以之後，首明算知梅氏者起而証之，惜梅氏……而未見古本九章算術及秦九韶楊輝等之各著，秦氏方程論通術一百四十餘言，能尽之意。梅氏言之，竟作論六卷，

駱春池遊藝錄所梅氏方程論中之說理未穩妥，以愚見其誤外，

戴震校刊算經十書……李潢作九章算法細■草圖說……

李以友人戴金溪李尚之各為校正一術……（注戴校第一術詳卅，可参

觀古算稿攷釋卷四，李校第二術詳艸，見李氏遺書方程式新解。

方程術法爲九數之一，爲吾國最代數學最古之發明，至元四元、百雞求一，皆自此出。……華蘅芳《學算筆談》嘗論及之矣。

又百雞數源流考 張邱建算經……時日淳作百雞術衍二卷

又求一術出於孫子「物不知數」之問，爲九章所未詳，唐宋歷代疇人頗以之治曆，宋秦九韶以大衍釋之，其術始顯。

宋何承天調日法用强弱二率，齊祖冲之求圓周，立約密二率，皆似得之於求一術。顧調日法詳艸及冲之綴術早已失傳，未敢以爲

定論也。究竟探何厤天

强率 $\frac{26}{49}$，弱率 $\frac{9}{17}$，以二母互乘，26×17 減 9×49 恰餘一，若先以解同餘式(注) $\frac{9}{17}$ 為本弱，則可用求一術解 $17x=9y+1$ 之無定式，得 $\frac{x}{y}=\frac{26}{49}$ 為强率也。沖之於圓周率亦然，沖之推定 $\pi<\frac{157}{50}$，設 x、y 俱為整數，而 $\frac{x}{y}$ 亦略大於 $\frac{157}{50}$ 之分數，則 $50x>157y$，又須使 $50x=157y+1$，以求一術解之，得 $\frac{22}{7}$ 為 $\frac{x}{y}$ 之第一答，用為弱率，又仍為承天調日法得密率，$\pi=\frac{9\times22+157}{9\times7+50}=\frac{355}{113}$

五代曹士蔿始變古法，不復推上古為元，祇行於民間，謂之「小術」。

至郭守敬斷取近距，始廢積年日法，明清因之，治曆者殆不知有一術為何物矣。

又秦氏求一術演称以一概之者，意謂 $\lambda=\sigma x+c$ 式内之 x、y 整数值，必為 $\lambda=\sigma x$、cy 二整数值之 c 倍，蓋前式之答案，可由解後式間接得之也。秦氏所立天元，即代此 y 值，在大衍題為賸餘 λ，如竟以 λ 入称，則乘数當得 $c\lambda$，故術言以賸餘乘用数，得各揔，即得 $\lambda cy\equiv\lambda \pmod{\sigma}$

嘉慶初，李潢、張敦仁、焦循、李銳、陳杰諸人出，古算復興。張敦仁得錄秦氏書於李潢家，與李銳等日夕討論……始成求一術三卷，焦循天元一釋亦論及大衍術，李鋭日法朔餘強弱考則用求一術以推求朔餘之強弱兩數焉。

又注七新唐書曆書及李善蘭麟德術解

又朱世傑垛積術、廣義。(記題)在垛積術(Summation of finite series)中，最重要成分為有限之數学級学，連乘之積，如 $a(a+b)(a+2b)\cdots\cdots[a+(n-1)b]$ 謂之級積

又校正与增補。算籌長短粗細，漢以前無攷。班固漢書律曆志錄劉歆論「備數」……說文算下云「……」疑有脫誤。

又零號之採用：印度零號本為一點●，後乃以○代●，西人研究印度算学史者，謂印度0號始見於876 A.D.時之石刻。開元占經721 A.D.

五，每空位處，恆安一點，有間咸記，無由錯輒，開元占經原本，錄有算字法樣，今傳本已闕，乃以十口形代之，而旁注「一字」「二字」「三字」……「九字」「點」等字，可證開元以前，傳入之印度算法，尚無○號也。

中國算書自唐福王孝通緝古算書而後，迄南宋末年，著錄於唐書宋史藝文志者，不下三十餘種，然現均失傳，中國數碼之產生及○號之引用，究竟始於何時，殊不可深考。十三世紀中葉秦九韶在江南，李冶在處河北，又正當干戈擾攘之秋，二人所用數碼，雖有不同，而○號則一致採用，以此推之，○號以引用当遠在秦李著書之前，北宋初中國与印度交通甚盛，○號於北宋時，自印度傳入中國，亦未可知。

〔按〕青冊歸化城（今紫雲界）出土玉盤日晷，六作几，七作十，六与太貨六銖字同。七秦權錢作SE，■此作十，陳簠齋錄以為書法甚古，是漢以前的書法，還值得研究。就是漢晷。

日知日録 第二册

日知日录　第二册

時不可及
日不可留

——墨子佚文

這個本子祇是為了讀書有得，隨手記錄所得。偶有感想，雖未曾細想，後恐過後忘記者，也可列入。總之都是為了便於将来查考之用。所以引錄文不求詳細，也不必細校，免得費時費力，将来如有須引用原文的時候，以原書作準。但倘是借來的書，或不易再得的書，引文必須精確校對，最好於後註出，以後引用時，不必再查原書。

如偶然有所感想，雖与前後無則無甚關係，也可列入，或另條記入，必須以實用為主，不要祇顧整齊劃一，而成一種書匠。

應該承認自己知識的貧困，但必須要求有用的知識，不可為■■[求知]而求知。求知在於為社會主義的文化建設而服務，這是個基本要點。買書也要抓住這個要點，而不是如馮友蘭所說的「買書是讀書人的一種快樂。」

我平日節衣縮食買書，但卻隨得隨失。讀書偶有體會，也卻隨得隨失，今後亟須糾正這種錯誤，存書也要積累，知識也要積累，古語說「積微」是很有道理的。

錄中凡自出己意者，而又容易和原文混淆的，用「按」加來表示。免得亂雜不分。又行文中「我以為」也是我自己的偶發的不成熟的想法，為了便於記憶，一併寫出。

要克服主观主義，用总理指示我们以"知之为知之，不知为不知"的精神从事一切。而且要谦虚，尊重别人的劳动，都是最要学的。

不要像熊瞎子剥苞米似的，随得随失，要求巩固下来。

意见发现不对，随时加以修正，切忌因循固惜。

文淵閣

日知日録　　曹京平

錢寶琮著古算考源

九章算術時代考。九章算術西漢人叠發刪補，數為徵將原百四十六問，分隸九章，且為之注，而有今之傳本。

九章算術不著錄於漢書藝文志，蓋

西漢时有筭術而不称九章，漢書律曆志録劉歆論備数云：「其法在算術，二十六卷，杜忠筭術廿六卷，宣於天下，小学是則」。藝文志中則有載：有許商筭術二十六卷，杜忠筭術十六卷。……周禮地官保氏有九数之称，東漢附鄭众将有九数之目。

又：周初早有田畝租税之制，方田筭術成立，當屬甚早，均輸章之寫成，當在漢武帝置均輸官以後，古趙爽卿句股圓方圖注相乘後；又少廣章直田求廣術，已知求用最小公母，當在方田章分術數之後；盈不足章盈不足，又盈又不足，盈適足不足，適足三術，不能有正負數，當在方程章正負數之前；少廣章有開平方，開平方圓術，而方程章後補之開帶從方法。九章算術二百四十六問之撰術時代，祇少有五百年之期間也。

又，北史藝術傳殷紹上四序堪輿表曰：「臣以姚氏之世，行學伊川，遇游遁大儒成公興，從求九章要術……興時將臣南到陽翟九崖巖沙門釋曇影間……求請九章。影復將臣向長廣東山見道人法穆。法穆時共影為臣開述九章數家雜要，披釋章次，意況大旨。九章家教甚多，其一也；隋書經籍志所載，有李遵義、楊淑、張峻、張纘、祖沖之、甄鸞等數家，其間題算術，未必盡與劉注本相同。其証二也。張邱建為晉代(或在北魏初)算家之尤著者，所撰算經，弧矢術，皆與九章算數因誤，周律所用古率〇三[3]，方程解法用直除術，亦與九章算術同，若不知有劉徽注者，當附劉徽注本，流傳未廣，其証三也、劉徽注本九章算術、至唐代立於学官、且有李淳風等奉敕注釋、爲算経十書之一、因得流傳獨存、宋代刊書多以劉注本為古本、而九章算術其他各家輯本及注釋家遂泯没無傳矣、唐代修五経正義、詩経独用毛傳鄭箋、而今文魯斉韓三家詩説、亦可采参、可相参証也

方程正負術「無」への辯

方程正負取術劉徽注云「無入為無對也，無所得減則消奪者居位也」汪萊（衡齋遺書卷五）言「為」字讀去聲甚是……宋元刊作「無入」當時算家如秦九韶朱世傑輩相沿承用，不知校正，楊輝解詳辯證之說殆泯沒無傳矣

大衍求一術之遠源

張建邱算經言「孫子之蕩杯」未得其

妙。

今傳本孫子算經所錄度量衡制，悉与唐宋制度相合符，而隋書律曆志所引孫子算經術原文，則与漢魏時代實用者合。「物不知數」之問題，為著者原術，抑為傳寫者所增補，殊不可知。而求一術淵源，不能以孫子算經著作時代改定之，自然彰彰明矣。

愚以為三界代改良演紀算法，當即大衍求一術之遠源也。

西算史載印度算學家阿耶波多（Aryabhata c. 510 A.D.）波罗笈多（Brahmagupta 598 A.D生）俱能解決無定式 ax+by=c 且應用於日月五星交會之时期？（開元占經卷一百四載九執曆。曆元為二月春分朔子时曜躔婁宿一婆罗笈多稱其術曰逵徵術（Kuttaka）而後定求乘率，惟求乘率法与秦九韶数书九章術大同小异，又晋南北朝历家通行術及孙子算经物不知数之術，详草俱未传於後，不知与印度造徼術异同如何，二術是否同出一源也。印度在第六世纪以前，算学程度比较幼稚，阿耶波多而後，诸家算学大师都有窃取中国算学之嫌疑。

秦九韶传

南宋大算学家秦九韶履历年代清儒焦循、钱大昕各有考证，所引史略料，为周密癸辛辛杂识续集、景定建康志、李梅亭集书。案秦九韶数学大略自序尝言"早岁侍亲中都，因得访习於太史，又尝从隐君子受数学"，际时狄患，历岁遥塞，不自意全於矢石间，尝险罹忧，荏苒十载"等语。

敦煌石室古本草　上海大東版（一九二四）

京著孟詵　日本醫藥學博士中尾万三校技

范鳳源序：文中引商鶴鳴的話：「為醫者當須洞視病源，知其所犯，以食治之，食療不愈，然後命藥，藥性剛烈，猶若御兵。兵之猛暴，豈容妄發！發用乖儀，傷害更重。」太對了，以食治之，在過去不合理的社會裏很難做到，在今後合理的社會裏面，應該提倡食療。

一五一 柿 孟詵曰云：柿，栗。主補勞不足。謹案：乾柿厚腸胃，溫中，健脾胃氣，消宿血。

一六五 胡桃 不可多食，動痰飲。除風，令人能食，不得驟多食之。

一七四 蒲桃 子釀酒，益氣調中，耐飢強志。取藤汁釀酒亦佳。狗肉汁釀酒大補。

一八八 菉豆 若愈病，須和皮，故不可去。

二三七 馬齒莧 食療云：竹膏主三十六種

凡、可取馬齒莧一石，水可三石，蠟二斤，並煎之取

膏，亦治瘡瘍一切風。

范風陳亭、、、尤以孟詵之食療本草為最

著，以孟氏不僅徒述古之遺蹟，且復節事

各路酒物田野，自侍宮闈，故經驗學識，

疑於當時，其所著食療本草復訂敘人

以註訂，其價值之卓著可知。

趙燏黃序二：「即知唐同州刺史孟詵撰著，張鼎增補之《食療本草》，固爲綱目序例中所引古本草之一。然其原書，早已散佚，僅見其少文字，引用於宋唐慎微之《證類本草》中。餘則零星散見於李氏綱目集解及修治條下。……夫《食療本草》一書，當即本周禮食醫之義而作，乃張鼎根據孟詵補養方原著增補品物而改稱之者也。孟詵雖爲孙思邈弟子，然其補養方，並不拾孫氏千金食治之牙慧，而有独出之心裁。

古籍叢考 金德建著 中華版（一九三四）

論語名稱起源於孔安國攷

論衡正說篇：

說論語者皆知說文解語而已，宣帝下太常博士時，尚稱書難曉，名之曰傳；後又隸寫以傳誦。初孔子孫孔安國，以教魯人扶卿，始曰論語。

據此，最早只稱「論語」，次云齊論、魯論、古論

尚沿其舊名。宣帝時稱「傳曰」，蓋別於經而言，非書名也。但亦非始於宣帝時，如史記封禪書引論語，已稱「傳曰」；其後揚子法言孝至篇引論語，稱「吾聞諸傳」，漢書外戚傳引「傳曰：以約失之者鮮」，語實出論語里仁篇。

劉向別錄說：「尚書直言也，始歐陽氏先名之，之初稱書，至歐陽氏始加尚書之稱。」

兩漢論語今古文源流攷

漢代論語版本有三：漢書藝文志六藝略論語類書說：

古二十一篇（出孔子壁中，兩子張。如淳曰：「分堯曰篇後子張問何如可以從政以下為一篇，名曰從政。」）

齊二十二篇（多問王、知道。如淳曰：「多問王、知道，皆篇名也」）

魯二十篇。

王應麟云：「問玉疑當作問王」（漢書藝文志考證）按說文玉部：

瑮字下引逸論語：「玉粲之璱兮，其瑮猛也」

瑩字下引逸論語：「如玉之瑩」

此二條當即問玉篇遺文。知道篇則已不可考

見：（馬國翰據王刻正義輯得齊論知道篇一條，間亦為有初學記、文選注、太平御覽所引數條）說文謂之逸論語。

孟子到趙岐手裏，把外書四篇刪去，後世不傳。論語也幸而到了張禹手裏，以魯論二十篇為定。

何晏論語集解序說：「張禹本受魯論，兼講齊說，善者從之，號曰張侯論。」釋文話協此。

鄭康成注的就是張禹的本子，「魯讀某為某，今從古」，他從未提齊。

張侯論即魯論

古魯不同，在文字上。桓譚新論「文異者，四百餘字」。（詳拙著經今古文字攷）

經典釋文之「鄭本以齊古攷正凡五十事」，今集解本都未采入。

請徐養原抄出疏証而著論語魯讀攷。不過

一、未分出今古文。其实鲁古不同，衹是今古文

二、不知释文「郑作某」也指鲁、古不同，所谓「郑作某」即郑所据古论文字。

把释文上的「郑作某」和「鲁读某为某，今从古」的二十三条合併起来，恰是五十条。

汉人所引大部鲁论

戰國策作者之推測

史記田儋列傳説ニ「蒯通者、善長短説、論戰國之權變、爲八十一首」

主父偃傳説ニ「學長短縱横之術」漢書張湯傳ニ「邊通學長短」漢書張湯傳顔注「戰國策爲長短書」

劉向序說：「書本號，或曰國策，或曰國事，或曰短長，或曰事語，或曰長書，或曰脩書。

史記中採用戰國策大約有八九十事「瀧覺云「太史公所採九十三事，內不同者五。」黃丕烈云：「今數之多不合

淮南子要略云： 故縱橫修短生焉。

趙翼以為史記中記載蒯通一段係竄入者

高誘注真偽也有問題，高誘注書，向來有序

這書独没有。呂氏春秋序:「請正孟子章句，作淮南孝經解」没有提此書。畢沅:「世所传誘注國策，亦非正本。他也根據這個說的。

清 岸照人 發行

戰國策中書本號，或曰國策，或曰国子……修書。自劉向校書，始名為戰国策，除複重得三十三篇。……漢書蒯通傳曰「通論戰國時說士權變，亦自序其說，凡八十一首，號曰雋永。」史記淮陰侯列傳載蒯通以相人說韓信，而字隱以爲漢書及戰國策皆有此文。是則唐時戰國策尚有蒯通說信之說。唐以後人始删去之也。……藝文志縱橫家有蒯子五篇，亦通之所作。然非此八十一首之書也。此書所論戰國時事，故繼春秋之後，不入縱橫家也。又按劉向校戰國策序錄曰：「其事繼春秋以後，訖楚漢之起，二百四十五年間之事，皆定以殺青，書可繕寫。」然則戰國策有韓信蒯通之事，訛驗可明。

姜夔可疑。（鈔本雪泥書屋雜鈔卷之二）

年乾隆乙卯（一七九五）拔貢生山東棲霞人。

司馬貞所見戰國策載通說韓自立

羅根澤文引論衡超奇論說：「徐樂主父偃之策未聞」其上有徐樂主父偃上疏，徵拜郎中」云云，殆是上策之策。

鈔本第三十三冊共三百〇四首

●蘇張諸人之書，劉向據以補入戰國策，也未可知。

但無確證。

又羅根澤戰國策作於蒯通考

隨書謂「劉向錄」，舊唐書志又謂「劉向撰」，新唐書志更直名劉向「戰國策」，沿誤至今。四庫提要猶謂「戰國策乃劉向裒合諸記，併為一編」，顧廣圻更謂「戰國策實向一家之學」

再考之本書，趙策敘至王遷滅趙，燕策敘至燕滅，高漸離擊始皇十八年，滅燕在始皇二十五年，六國表、秦始皇本紀並同。

戰國至漢初多自己命名之書。……孔子因魯史為書，故後人亦名之曰春秋。中……孔子上冠以姓氏，當後人所加。

又羅補記。近陳垣師、劉盼遂之又為發現強有力之證佐。

司馬貞索隱謂「案漢書因及戰國策皆有此文」（因及，以及也）我以為因及，不是以及，因及是因襲的意思。這可以證明漢書之所以有此文的原故，是由於根據戰國策原有此文的原故。這才是「因及」的本意，因而這文字也略特別值得重視。

又，考漢書蒯通傳「通論戰國時說士權變，亦自序其說，凡八十——首，號曰雋永」

一、此较史记多「亦自序其说」，与索隐谓亦郭通说信言，合而观之，可知作于蒯通。张照自误。

二、此又多「号曰雋永」四字。依普通文例，宜为蒯通自号之书。果尔，则全篇谓当为蒯通自命之名，非是

师古曰：短长术兴于六国时，长短其语，隐谬，用相激怒也。张晏曰：苏秦、张仪之谋，趋彼

为短，歸此为長，就国策为名短長術也。我想为這是对的，短長不是话的短長，是利害的短長，捨短歸長，去害就利，長甘肥美，就是短長的原意。现在口語中的说長道短，已失原意，但好辯的意思還有。

又史記魯仲連傳云：魯仲連遺燕將書曰：今公行一朝之忿，不顧燕王之無臣，非忠也。殺身亡聊城，而威不信於齊，非勇也。功敗名滅，後世無稱焉，非智也。三者，世主不臣，說士不載。……說士所載，在戰國則韓非說林內外儲說之類，後則蒯通之雋永，鄒陽之鄒陽，主父偃之主父偃也。劉向極書曰：又有出蒯通五篇之〔所記〕外，其要之曰說士所載也。

王士禛不達，從孰策……焦袁熹駁之……（見此木軒雜著）王謂同史之筆固非，焦謂史家增飾之辭，亦未盡然。

按史記也參考了魯連子。

尸子作者与尔雅

歷來尸子著錄：

漢志雜家尸子二十篇。班注云：「名佼，魯人秦相商君師之，鞅死，佼逃入蜀。

隋志尸子二十卷，目一卷。注云：「梁十九卷。秦相衛鞅上客尸佼撰，其九篇亡，魏黄初中續。」

新舊唐志並有尸子二十卷。

宋志尸子一卷。

唐章懷太子後漢書宦者呂强傳注說：「尸子書二十篇，十九篇陳道德仁義之紀，一篇言九州險阻、水泉之所起。」

章以前见的与隋志的又不同，隋志是十九篇之外加上卷目一卷

讲地形的 散见于 汪辑、御览四、类聚、文选注山海经 穆天子传注。

辑佚尸子的有很多家，以汪继培辑本比较最完备（在湖海楼丛书）

通训诂者

扬雄（见答刘歆书）。

嚴君平——蜀人

林閭翁孺——臨邛人

他們學好訓詁，猶見輶軒之使所奏言。

劉向別錄說："楚有尸子，疑謂其在蜀。"（史記孟子荀卿列傳集解引）

上舉西漢前是不會有的，就此可以推測，這一部的尸子，必定出於西漢時蜀地訓詁家……所僞竄。也許就是周代蜀人所竄，而且訓訓詁學根本是漢學代的蜀學，於是在楚人尸子身上，遂較加深了一種傳說，所謂「尸佼逃入蜀」。

穀梁傳武帝時始出，而尸子有之

鄭玄未聞南風之詞，而尸子有之

可証竄偽據晚。如是，則今王肅的聖證論（見樂記疏引）又引尸子家語以難鄭玄，以為「鄭玄未聞，失其義也」者，無非可證王肅說的多稽，家語

家語偽書固不足為証，而尸子此段偽，其時間在

鄭玄之流，也不足為憑的。

「按」他是把歷史割到的來看問題，漢代忽然跳出來個訓詁學，忽然的出現了楊雄一般人。漢代訓詁學是解決前代的問題，就是古書的字彙的遷變或方言的互異。春秋戰國時的方言是不歧的，當周朝只賸天下時，自然要有輶軒之使蒐輯之書，好使各諸侯的方言能通於周夏。這個事實一定有。尸佼就是能通各地方言的，而商君師之，他是可以見到輶軒之使奏記之言的。所以尸子裒而为的训诂成分应该是原有的，不是竄入的，属於儒家部分，則是竄入的，所以原在雜家後来搬到儒家来了。

淳于髡作王度記考

淳于髡 百家書目所疑向

史記孟子荀卿列傳說

自騶衍與齊之稷下先生，如淳于髡、慎到、環淵、田駢、騶奭之徒，各著書言治亂之事。

風俗通義窮通篇說：

齊宣威王之時，聚天下賢士於稷下，尊寵若鄒衍、田駢、淳于髡之屬甚衆，號曰列大夫，皆世所稱，咸著書刺世。

淳于著書司馬迁应劭都见过。禮記郊特牲下正義引別録王度記云：「似齊宣王時淳于髡等所説也」。漢代公認王度記為逸禮中的一篇。由禮疏引王度記稱為大戴記，續漢書輿服志注引王度記稱為逸禮，均可証明。六艺略已著録記百三十一篇及禮古經五十六篇，自然王度記包括在内，故諸子略不立淳于髡子的名目了。

又淳于髡有法家思想。又詆禮。

慎子流传与真伪

姚際恒古今偽書攷以今本慎子為偽書，他说：

漢志法家有慎子四十二篇，唐志十卷，崇文總目三十七篇，今止五篇，其偽可知。

很自然的渐次亡失，不能據為今本為偽。

亡佚的时间约在宋代。宋慎子的本子有二：

一，五篇本。陳振孙書録解題云：「今麻沙

刻本才五篇，固非全書也。」

通志艺文略云：「慎子舊有十卷，四十二篇，

亡九卷，三十七篇。」

王应麟漢志考证云：「漢志四十二篇，今三

十七篇亡，惟有威德，因循，民雜，德立，君人五篇

滕辅注」

二、三十七本　書錄解題引崇文提目有三十七篇。

未詳並附其篇數而此不同。但三十七篇加上了五篇，修為要在四十二篇。正確答案可注之的。不能拆為二本，一五篇，一三十七篇，或其佚。

今本篇幅較多，但非偽書。至於漢志慎子真偽，意遠其疑問，史記只說十二論，與之於差太遠。大，而卷數不同。而且論與卷不同，各論或誤只为一篇，那末汉志四十二篇中，不是还有三十篇伪书吗？至此，我们便可发生五种概念：

一、以为「四十二」与「十二」的五个数目，常有脱衍之误，或本段「四十二」或史记脱一「四」字亦未可知。这个观念，其实不对。

六、又从通志氏族篇云：「慎到为韩大夫，著慎子三十篇。」在卧曾经见过一部三十篇的慎子，但此书向来无所谓三十篇的，此三十篇皆为史记十二論与漢志の十二之差。據此可証漢志的底子，實在係合二書為一。史記的孫子十三篇，漢志加上了其附為外有部十三篇。這三十一篇是從書或者附錄所出篇的形態多疑了。

據上所述，可列表於下

史記所見十三篇　另有三十七篇

→ 漢志四十三篇 — 後(?)所見隋志十卷四十二篇

→ 五篇本 —— 今本

→ 三十七篇本（亡）

荀子大略篇作於漢人考

荀子大略篇楊倞注云：「此篇蓋弟子雜錄荀卿之語。」又宥坐篇注云：「此以下皆荀卿及弟子所引記傳雜事。」〔三〕堯問篇末云：「為說者曰：孫卿不及孔子，是不然。」則為荀卿後人之辭甚明。

其文有引公羊、穀梁、大戴禮、詩傳者，又所引

「傳曰」究屬何指，尚未可定。今毛詩傳、韓詩外傳俱無其文。陳喬樅三家詩遺說考指為魯詩書，亦無確證。不惟詩傳齊魯韓毛四家成書無在漢以前者，即或係大毛詩公所述舊說，年代亦已在荀卿後，然大略篇作期已晚于[illegible]矣。

今本劉向校錄之舊，然大略篇已見。豈係武宣之際，傳經碩儒，嘗為荀卿書所附託。

荀子赋篇作於秦地考

成相与赋篇皆四言，拟以他篇，殊不一致。赋篇出秦地

其证有四：

一、荀子赋篇云：「大盈乎大寓」，「寓」字从禹，但说文字宇下云「籀文宇，从禹」。古代籀文，只为限用於西土之文字，若东土则用古文（参详拙著古代东西土古籀文字不同考，文澜学报三卷一期）

〔按〕墨子亦用寓字。

二、古时四言诗，除诗经外，求之后代，惟秦登之行时。前有石鼓，后有刻石。

三、班固著汉书艺文志，于荀赋之后，首列孙卿赋十篇，其次列秦时杂赋九篇，以下皆汉人杂赋之作。

四、赋篇有云：一四海，又云用保四海。琅邪石刻云：合皇帝并一四海。然则赋篇作期，是在始皇年亦未廢矣。

按荀卿晚年或已及始皇統一(《鹽鐵論·毀學篇》「李斯之相秦也,始皇任之,人臣無二,然荀卿為之不食」。李斯相秦在二十六年),然荀入秦乃在秦昭王中(《儒效篇》有秦昭王問荀卿。又《彊國篇》應侯問荀卿入秦何見?范雎於秦昭王四十一年為相,封應侯),當考烈王廿五年秦始皇九年荀卿廢(因家蘭陵),足證未必再至秦國,而此篇既為秦地作,自不應屬之荀卿甚明。頗疑為李斯作。後之不審，遂以之入荀子。史記稱斯至楚学於荀卿，延施至秦。

荀子非十二子之篇与韩诗外传卷四非十子節之比較

荀子非十二子篇列举先秦诸子，凡十二人，如左：

它嚣　魏牟　陳仲　史鰌　墨翟　宋鈃　慎到

田駢　惠施　鄧析　子思　孟軻

韩诗外传非十子，与此人数稍异。

范雎 魏牟 田文 庄周 慎到 田骈 墨翟

宋钘 邓析 惠施

宋王应麟谓：「荀子非十二子，韩诗外传引之，止云十子，而无子思、孟子。愚谓荀卿非子思、孟子，盖其门人如韩非、李斯之流，托其师说，以毁圣贤，当以韩诗为正。」注[illegible]文貂亦然

二说俱不可从，并析论如右。

一、揚子法言君子篇云：「或曰孫卿非數家之書，侻也；至於子思孟軻，詭哉。」以揚雄所見荀子已有之。

二、漢文帝時，孟子之學，曾立博士（見趙岐孟子題辭）。文帝又以使博士纂王制，采孟子極多，韓嬰既為文帝立博士之一（詩三家立博士，侯在武帝前，盛在文帝時）故於非荀者擯而不錄。

三、至於荀卿所非它囂、陳仲、史鰌三人，郭詩不錄者，則以三人苟立小節，徒負當世盛名（

荀子不苟篇謂陳仲、史䲡云：「盜名不如盜貨，田仲、史䲡不如盜。」宅鄉楊倞注云：「未詳何代人。」——在諸子中本非巨擘之故。

四、其它三人蓋郭據以己意增入者

司馬兵法的真偽与作者

龔定厂說：

其言孫吳之興衰，尚不如尉繚子……疑者一。自馬融以降，引者數十家，悉不在五一篇中。疑者二。佚者乃至百四十五，疑者三。存者司馬，失者多為穰苴矣，齊威王合之後，後人從而分之……疑者四……

……邢昺猶見司馬法百五十一篇，出論語義疏（定庵文集補編卷二最錄司馬法）（按論語義疏為梁皇侃撰，邢昺所撰，原名正義，即通行十三經注疏中之論語疏也。龔文殆衍一義字）

……我們以為今漢代各書所引者皆在今存五篇內者，即今本非偽書。

司馬兵法的流傳

舊唐書志司馬法三卷

新唐書志司馬法三卷

宋志司馬法三卷

晁公武郡齋讀書志亦作三卷，但是陳振孫直齋書錄解題所著錄，卻作一卷。

現存的宋版亦作三卷

左傳僖公三十三年孔穎達正義說

……必古有此禮，或出司馬法，其書既亡，未見其本，

又杜預注所稱引「僭過天子門，不卷甲束兵，超乘示勇」的幾句，在今三卷五篇中確乎未見，于是孔穎達就偶然誤稱以為已亡了。

如是，司馬兵法真偽的問題，可歸結為二點：

一、今本五篇，全全是隋書志所三卷之舊。

二、今本五篇，尚係漢代之物。且多為司馬遷所曾見。

司馬兵法與今古文經說

廖季平以司馬兵法所述為今文學

黃以周却以為司馬法是古文學

其實二家都不全對，倘使比較二說，當以黃為長。

司馬法能與周官「文同」「或義同」，這是黃氏對於司馬法以為不同與孟子、公羊，而應屬於古文學的根據所在。

至於未合周礼的也固有。但周礼著作属於何时，尚成为问题也。

因为司马法本为古文今文混杂之书。

司马法作者之推测

史迁：齐威王使大夫追论古者司马兵法，而附穰苴於其中，因号曰：司马穰苴法。

又曰：自古王者有司马法，穰苴能申明之。

司马法之为最初齐威王时大夫所追论，汉初

今文博士增加。

孫子十三篇作於孫臏攷

一、戰國策，呂氏春秋，淮南子，史記，太玄經等，凡可信為先秦兩漢的書中所引的孫子的文句，都在今本的十三篇之中，二、其他如吳越春秋，通典，文選注，太平御覽等書所引，頗多十三篇外的逸文。

……先秦及漢各書所引孫子文句都在今本十三篇中，漢後所引文句則有出於十三篇以外，這一可見今本十三篇與先秦及漢人所見的真本孫子相同，並非後人妄偽作；另外又可以看出孫子的篇數，也僅有七十三篇而已，為先秦及漢時人所共信，而無有信其還出於七十三篇以外者。

孫貽讓說：……呂氏春秋上德篇高誘註云：「孫武，吳王闔閭之將也，兵法五千言是也。」今宋本曹注孫子凡五千九百一十三字，高善學武教言之」漢代高誘所見的孫子，也只有此十三篇。

作者為孫臏。

孫吳列傳云：「孫子武者，齊人也，以兵法見於吳王闔廬。闔廬曰：「子之十三篇，吾盡觀之矣……」則所作孫子者，明為孫武。但孫吳列傳又云：

孫臏以此名顯天下，世傳其兵法。

則孫子之作，又出於孫臏而非孫武。史記自序又說孙子膑脚，又论兵法。

膑脚的孙子，当是孙膑无疑。

孙武在春秋，孙膑在战国，到底谁作的呢？

隋志的孙子注明孙武的，汉志有吴孙子又有齐孙子

吕氏春秋用民篇说：

阖庐之用兵也，不过三万，吴起之用兵也，不过五万，万乘之国，其为三万五万尚多。

而孫子稱帶甲十萬，可見是戰國時人的語氣。

葉水心以為：「左氏無孫武。他書所有，左氏不必盡有，然潁考叔、曹劌、燭之武、鱄諸之流，微賤暴用事，左傳未曾遺。而武功名章灼，左傳無孫武，然本無其人，其出於後人僞託，當更顯然矣。

隋書孫子下云：

吳將孫武撰，魏武注，梁三卷

宋郡齋讀書志云

魏武注孙子一卷

史记孙子吴起列传正义说

七録云：「孙子兵法三卷，案十三篇为上卷，又有中下二卷」。

是隋唐宋间所行之魏武注號為一卷者，其篇数皆當为上卷之十三篇，因此杜牧僅此十三篇的魏武注，遂容易误为魏武當当初也僅注一卷，而倡其魏武删削之说。

畢以詢說：「杜牧以為魏武筆削形成，誤已」畢言是也。

附記

日人武内義雄孫子作者攷一文，也主張作者為孫臏，理由有三、

隋書唐志皆舉吳齊兩孫子之遺篇。就中吳孫子較為明瞭，隋志有吳孫子牝八變陣圖二卷，新唐志有吳孫子三十二壘經一卷，而此二書之佚文，援引於周

官注与太平御览，而非今之孙子，其文之字句与今之孙子不类。可知今传非孙武所著。

载于战国策之言，今之孙子仍之：

兵法百里而趋利者，蹶上将，五十里走者，军半至。

此语与今之孙子军争篇「五十里而争利则蹶上将」同

考其，可证今之孙子，疑其为孙膑作

吕氏春秋不二篇云：「孙膑贵执力」高诱注云：「孙

膑楚人，为齐臣，作谋八十九篇，权之势也。」高诱据汉志以齐孙子而注吕览之语。今之孙子有兵势篇，与吕览所评孙膑说相似，又与高诱所见齐孙子八十九篇之说符合。

由此三理由，定其为孙膑作（见江侠庵译先秦经籍考）

「按」现存的十三篇，都是有十足的实践性的，不是架空的话。但兵法决不能凭一个人的意思作出。何况这是对于春秋战国的战术战略一个总结。因此，他可能是出于孙膑之手，但他一定接受前人的经验的积累，因此，孙武有多就不成问题了。孙膑之前一定得有其成的人物，到了孙膑手里，才成为完整的总结。而到曹操注的时候，曹操又用自己的实践来丰富了它，因此曹操的注，也是三国时代和以前的军略战术的总结，曹操阅兵法多矣，而独注孙子十三篇，就是在他实践的过程中证实孙子所说的都是对的，

这十三篇是出孙子之手，但绝不会从他这儿突然的冒出来的，而是在先前就有一些积累，那积累

考就是孙武也未始不可。而到孙膑手上搃其成。而到曹操手上又作了進一步的發展，這一點也是很重要的。其他的注釋都是出於策士僚幕的人们手中，所以脫離实踐，毫無精采。又戚继光参照孙武试宫妃之秘，可証史記孙武之說為確切。

司馬迁所見周官即今王制攷

史記封禪書称引「周官」者凡二見，此实一疑問也。

康有为以为史迁不应见周礼，遂以为所称周官为刘歆窜入。（见伪经考卷二，史记经说足证伪经考崔適説同，见史记探源）

史记所称周官，实即王制

其引文同于王制而不同于周礼可证。

孙星衍云：

封禅书引周官曰：「冬日至，祀天于南郊，迎长日之至；夏日至，祭地祇。皆用乐舞，而神乃可得而礼也」

司馬遷引周官乃是郊特牲之文。（見問字堂集卷五，六天及感生帝辨）〔按〕原引文祇下無標點，我以為仍有錯誤。）

孫說非是。一、所引文同於王制者多於同於郊特牲者。二、天子巡狩四方之，雖見於尚書，但與王制同。三、封禪書又曰：「羣儒采封禪尚書周官王制之望祀射牛事。」封禪非書名，實指尚書，且知周官亦非書名，而實指王制。

汉文帝使博士诸生作王制考

王制一篇，史迁以为汉文帝时博士诸生所作。史记封禅书曰：

文帝召鲁人公孙臣拜为博士，与诸生草改历服色事。明年，帝使博士诸生，刺六经中作王制，谋议巡狩封禅事。

此文帝十六年事，詔文以明年為後元元年。

後漢盧植云：「漢孝文帝令博士諸生作此王制之書。」（禮記目錄王制正義引；又經典釋文敘錄引）王制正義引鄭玄駁五經異議云：「王制是孔子以後大賢所記先王之事。」……然正義引鄭目錄云：「名曰王制者，以其記先王班爵授祿祭祀養老之法度。此別於錄屬制度。」王制之作，蓋在秦漢之際，」

晚至皮錫瑞堅王制為孔子作，即春秋素王之

制，尤肊説無據。

史記封禪書索隱引劉向別錄（原作七錄，誤）云

文帝所造書有本制、兵制、服制篇。

孫志祖據之而云：

文帝所造書有本制、兵制、服制篇，然則文帝之王制，非從記之王制也。盧植以其書名偶同而誤牽合之一篇。（讀書脞錄王制條）

臧庸云：

禮記王制祇有班爵祭祀養老之文，並無言服制、兵制者，知此非漢文帝時書審矣。（拜經日記王制條）

孫星衍云：

是漢文帝時別有王制，今禮記王制並無本制、兵制、服制諸篇，何得謂之漢文帝時作。（平津館卷六，王制月令非漢人所撰辨）

陳壽祺云：

博士所作王制，或在藝文志禮家古封禪羣祀

王一篇中，非礼记王制也。

以上诗说，大致多同。

俟庵章先生云：

或言博士所作本制，兵制，服制诸篇，又有望祀射牛之事，今本无之，是本二书也。不悟经师传记，所有删取其文，即今乐记，尚不及本数，以王制论可知。

（太炎文录，驳皮锡瑞三书）

此外，博士所作之兵制即司马穰苴法，服制亦以

春秋繁露中之服制、度制、爵国三篇亦以（三篇内容相连，应併为一）当出文帝博士所造，仲舒所採，以录入繁露中者）

孟子王制所述制度相通之证

凡三十四条二章皆相通

王制、尺制、田亩之解释

一

王制既稱周制為古，即與王制所述，又非周制，當為漢制。明於王制作於漢代，而後周末漢初尺度田畝制度變遷之比例相差，始有得以窺見者。

孫星衍云：

今按所得周尺與器量而知之，大氐一尺當漢建安銅尺之八寸、今尺之五寸强，此篇云以六尺四寸當周之六尺，計其時一尺之六寸四分，當周尺之一尺，則尺度又小於漢時矣、（平津館文稿卷上，王制月令非秦人所撰辨，建安銅尺當爲建初銅尺之誤）

孫說亦非。蓋如孫氏所稱，王制以「漢之六尺四寸，當周之八尺」據此推算，漢時一尺當之六寸四分，理應等於周之八寸，安得為孫氏所謂「當周尺一尺」乎。

……周yard一尺大概當建初銅尺八寸者，此項比例，乃與王制所記周漢尺度比例，互相符合。

董仲舒两部著作与春秋繁露

董氏今僅传春秋繁露一部，共十七卷。

陳振孫書錄解題也説：

仲舒生平所著，如玉杯、繁露、清明、竹林之類，

其泯滅不存者多矣。所传繁露，亦非本真也。

西京雜記說：
董仲舒夢蛟人入懷，乃作春秋繁露。
西京雜記作者為誰？頗不易定奪。有人疑非葛洪所作，據酉陽雜俎述庾信語指為梁代吳均所著，當屬可信。以春秋繁露名，當在自漢王充班固至梁亦吳均間。
胡應麟少室山房筆叢說：
劉氏七略春秋繁露類，惟公羊治獄十六篇

徐仲舒而絶無繁露之目，隋經籍志始有之，或以爲公羊治獄十六篇，非也……蓋不特繁露冠篇爲可疑，併所命春秋之名，亦匪實録也。……後人既不察百二十三篇所以亡，又不究八十二篇所從出，……故咸失之，苟析其論春秋者，復其名曰董子，可也。

胡氏之說，節分五點批評之。

一、以今本西春秋繁露並非漢志春秋類

的所謂董仲舒治獄十六篇，這一層我是讚成的。

二、以春秋繁露為即漢志儒家類的董仲舒百二十三篇，這一層我不以為然。

三、那末今本春秋繁露並非漢代的董仲舒百二十三篇，又非公羊治獄十六篇了。

四、以春秋繁露為此數十篇之總名，為後人所加。

五、擬改名董子大譯。論衡超奇篇說：「丁

董仲舒著書不稱子者，殆意自謂過諸子也」(四)

（譚復堂半厂叢書二編，擬目有董子重定本(五)稱春秋繁露為董子，猶沿胡氏之誤。）

據上條論，則春秋繁露一書，在董仲舒所著各書中之價值自可知曉。此書出於董著，初亦必有所懷疑也

〔按〕傳書樓影印明通津草堂本論衡超奇篇有「董仲舒……自謂過諸

子也"的句子。

李育《公羊义》四十事辑记

後漢書李育傳云「嘗讀左氏傳，以為前世陳元、范升之徒，更相非折，而多引圖讖，不據理體，於是作難左氏義四十一事。建初四年，詔與諸儒論五經於白虎觀。育以公羊義難賈逵，往返皆有理證，最為通儒。」按李育曾參議白虎觀，有公羊義四十一事之作，則李育之說必存於今白虎通義中無疑。而李育之大義，據後漢書何休傳所云，實為何休解詁之所追本。則通義之說公羊，凡同於何休解詁者，謂即出於李育所說，恐亦未當。余讀白虎通義，取其說春秋公羊者，比而條之，得八十三條，其中與何休之解詁參證相符合者，適得四十一條，正值此數。以為此即李育傳所謂李育所說公羊義四十一事云。然此或出公羊嚴顏二家，或竟出賈逵長義所所舉大義以難李育者，然不可知矣。

白虎觀與議諸儒學派攷

漢代學術界大事有三：一、石渠論五經，終為石渠奏議，今亡，略見通典所引。二曰：白虎觀。三曰：東觀，正五經文字。

參加白虎觀諸人，有兼通各經、私家傳授、篤行之士，且學風由繫趨向。

白虎通義与王充論衡之關係

王充曾師事班彪（見後漢書王充傳）而班固又為撰集白虎通義者，學術淵源既同；故以通義与論衡二書較量旨趣，指歸亦近。通義撰集經說，尚鮮論斷。其或執勢須討覈裁定者，乃多見於充之論衡。二書比觀，極類鄭玄之為駁五經異義，以難許慎；依類參稽，乃知論衡所駁，皆針对通義而發。然则治漢世經義者，於通義、論衡二書，俱不可偏廢也。茲舉十目於后：

一、先質後文说

二、聖人天生说

三、帝王受命说

四、五行说

五、災變譴告说

王充说：夫天道，自然也，無為，如譴告人，是有為也，非自然也。「按」这幾句话是解釋無為和自然的最恰当的。無為不是放誕■頹朽，自然也不能聽之任之，而是自然有它自己的法则，不是按照人的意志表示什么的。

六、災變隨行變復说

七、符瑞應德而至说

八、卜筮說

九、性陽情陰說

十、祭祀說

以上讀古籍从考，我覚得作者是很老實的，雖然沒有獨到的見地，但在辨偽存真這一方面比姚際恒强。當然，康有為偽經攷正如周谷成所說，是想固定孔學，反而起了動搖孔学的作用（但用没看到物质基础的改变，人民已经唾弃孔学这一点）但很輕率的把什么东西都栽到汉魏晋人的頭上，甚至都放到劉歆的頭上，也未免压得太重了。

分甘餘话　王世禛晚年著

他在序言裏面說：“下而黄散，上而令僕，以為至足異。

汴中梁王吹臺一名繁臺，以繁姓家於台側故名。按繁姓蒲禾切，音婆。漢有繁延壽，魏有繁欽，唐有繁知……

杜子美贈蘇溪詩序云：蘇大侍御渙，靜者也，後竟煽動嶺表，與哥舒晃作亂。……

康熙四十四年 聖駕南巡至杭州，一日垂問故靈璧知縣馬驌所著繹史，命大學

張玉書物色求版明年四月令人賚白金二百兩至本籍鄒平縣購版進入　內府人間無從見之矣

墨莊漫錄云京師五岳觀凝祥池有黃蓮花甚奇僅見於此［按］恐怕是子午蓮

如崔湜鄭愔宋之問輩皆人頭畜鳴張柬之等五王皆死此三人之手

又姚鉉以祥符四年集唐文粹其序云

今歷代墳籍略無亡逸觀鉉所類文集亦
多不存云云
翟院深……伶工也……名在宣和畫譜
……史記而外别有蘇氏古史前後漢書外有
荀悦袁宏後漢紀三國志外有謝陛季漢書
晉書外有崔鴻十六國春秋南北史宋齊梁陳
隋諸書外有王通元經新唐書外有劉昫舊
唐書范祖禹唐鑑五代史外有薛居正舊

史及馬令陸游南唐書吳任臣十國春秋宋史外

北宋有王稱東都事略曾鞏隆平集南宋有李

心傳三朝朝野彙編葉紹翁四朝聞見錄元史外

有蘇天爵名臣事略

……吳俗好尚有三鬥馬吊牌喫河豚魚敬畏

五通邪神

老學庵筆記云北方多石炭南方多木炭蜀獨

多竹炭。門人南部李西江時司馬先後云蜀中祠結

竹炭不知宋時何以有之○或

邢子愿先生侗以書名萬曆間王大刀

馬治革其書為來禽館帖凡數十卷時號

北邢南董

唐僖宗 又一李龜年

一水水名也

吴天章蓬人云云：自卜傍南舊隱居，明星玉女对攤書。门前萬里崑崙水，千點桃花尺半魚。

西樵古意云云：鵁鶄兩兩栖浦沙，昨夜郎来宿妾家。滅燭入門戴星去，看郎一似菖蒲花。最质而古。〔按〕這是民歌，似鵁鶄二字谐音可证。

秦羅敷〻字或作紂

韓蘄王岳鄂王皆有背嵬軍范石湖云燕中謂酒瓶曰嵬其大將酒瓶皆令親隨人負之故號背嵬韓岳取其名以名親軍爾

漢明帝時西域僧迦葉摩騰竺法蘭以白馬馱經至雒陽處以於鴻臚寺故後僧所居皆曰寺

元帝被疾求方士漢中送道士王仲都處以於昆明觀故後世道士所居皆曰觀　上見雒陽伽

並覽記及石林燕語下見雲麓漫鈔

……一歐名元孤實蒼自也

虞山錢先生跋東都事略述歸熙甫湯

若士王損仲三家刪宋史始末甚詳云熙甫未有

成書，止別集有宋史論贊一卷，若士閱宋史

朱默塗乙某傳宜刪某傳宜補某人宜合某傳

某某宜附某傳皆注目錄之下州次部居整然可

觀天啟中損仲起廢籍為寺丞過余邸舍出商

宋史時李九如少卿藏宋宰輔編年錄及王秘閣稱東都事略三百卷指仲从吏余借寫并所購宋李燾續通鑑長編以藏此書今指仲草稿及臨川宋史舊本皆在吳興潘昭度家云云余昔在京師所見臨川手筆所謂朱墨塗乙者是也余曾鈔其目錄祥符草稿則不可得而見矣又聞吉水劉狀元晉卿上公車祇攜宋史刪一部或即臨川本耶

寄先叹西樵诗：

日暮东塘正落潮，孤篷泊处雨潇潇。疏钟夜火寒山寺，又过吴枫第几桥。〔樱〕苏曼殊踏遍樱花第几桥，是从这诗脱胎而来，也未可知。

如来会中阿那律多無目而見，跋難陀龍無耳而听，殑伽神女非鼻闻香，骄梵钵提異舌知味，舜若多神無身覺觸。今吾年愈七十有耳而不能听，有目而不能見，是見聞二根先去，雖欲讀書娛老而亦不能矣。古人云聰明智慧殊不再來，為之三嘆我以為誤解為此，仍然有些造作。

瓿甌盛酒之也大者一石小者五斗亦作鴟夷

李易安長句云從陳士業宏緒寒夜錄鈔出，已入集中，忘其出處本周輝也

二十年來京師通謁多不用年家眷三字

不隨俗者惟龔芝麓芳介嵒二公而已

又隨史韓擒虎曰韓擒避廟諱也。

又作詩、申屠子毀曹瞞廟常侍還焚董卓祠劍閣至今思伯約、蜀丞勳賓秣陽虎

若干二字出古禮鄉射大射數射算云若干純若干奇若如也、干求也言事不定、當如此求之。又曲禮問天子之年始服衣若干尺矣漢食貨志欽注云設數以名也爾曰求干 又複姓後周有若干鳳

反右將軍者干裏若青人者反釋名云以國為姓。右癸辛雜識所引極詳。

……白樂天寫集三本一付廬山東林寺一付蘇州南禪一付龍門香山寺陸魯望詩久手摘書置白蓮寺佛像腹中唐求詩卌四之大瓢中投諸岷江之流……

水仙之名甚美馮夷為河伯名水仙伯牙以成連之海上作水仙操西湖有水仙王祠陶

峴澄三角於江湖，吳越間號為水仙，他如雒妃、湘
君之屬，皆水仙也，乃四盜賦以孫恩……投海死，其黨
亦稱為水仙……

……小使不通，以犀角玳瑁二味磨水服之甚驗
……余曾識柳於金陵，識其技与市井之輩無
异，而所至逢迎恐後，預為設几，焚香瀹岕片，置壺
一杯一匕至經跋，右席說評書才一段而止，人亦不復
強之也。——〔按〕在沒有民族意識的人眼中，柳敬

亭就是这等樣人。

近無錫秦氏（摹）宋刻小本九經剞劂最精

春秋耏班食於耏門因為耏氏按耏今吾邑

時水也 水經注時水自西安城西南分為二枝津

別出西流德會水注之 耏水即時水 左傳齊晉

戰於耏 京相璠曰今臨淄 唯澅水西流入泲即濟字

地理志曰耏如聲相似 澅水即如水 蓋以澅與時

合得通稱矣 漢功臣表宜曲侯耏為鬼薪耏

輕形也 音奈 接形斑宋人形門嵩是宋地非形水矣。

廣州府城西、長壽菴離六堂側、池上有石一株云產七星岩其色黃、如蒸栗、瑩潤如蜜蠟琥珀、獨有皺紋、高可三四尺、真奇物也 接此或即康有為所說的七星石。

康熙己未……然賜假後歸田仍自進明史若干卷命付內閣參詳其書然自撰進即因為撼載數公

亦不得而見之也內閣參詳而後旨云何（原作可）

余甲申以冬歸田無從而知矣

……又東皋主人者攻詩最久有東皋集

……

……理宗陵……穿雲琴金貓睛爲徽龍肝石爲軫唐宮故物

沂水縣有花之寺

王槩字安節金陵人方嵞山文之女夫也

……佐世羅酒在滄酒之上

漢樊噲侍从攻項羽屠煮棗〻〻清河有煮
棗城〻〻師古曰〻〻当在大河之南〻〻姚寬曰〻李
汝陰地里志濟陰郡冤句有煮棗城，西大河
之南也，可以補漢史之闕。

宣室有二段宣室在朝歌淮南子武王破紂
殺之於宣室殷宮名也音为富帝宣王之宣，漢
未央前殿有溫室宣室音为覓膛之瞪見集
韻名同而音異

古來改官制官名者有三：一王莽二周天元三武曌莽世盡改郡縣名尤無理

唐彥猷詢硯譜以青州黑山紅絲硯爲第一

按黑山在益都西鄉顏神鎮

王氏農書吾御先輩所撰今傳於世宋時有鄧御夫者字從義隱居不仕作農曆百二十卷較齊民要術尤詳嘗以守王子韶上之於朝其書不傳隴上人無復知者僅墨莊漫錄

載其名惜哉！

閩中紙識……余按留青日札説嚴嵩家貲有紙識等業之名，則由來久矣。

……王渾妻鍾语渾曰使新婦得配參軍生兒當不啻如此。參軍渾弟淪也。然在當时京陵東海禮法並稱鍾郝，殊可笑！

鄭欸间厂（独）後著新城舊事一書

唐張继楓橋夜泊诗前人以夜半鐘聲为疑老

学菴筆記引皇甫冉半夜隔山鐘于鄴詩遠鐘來半夜以為唐時僧寺或有半夜鐘不必姑蘇也墨莊云今平江城中自承天寺後改能仁寺半夜鳴鐘諸寺乃以次而鳴迨今如此蓋自唐而然則夜半鐘是姑蘇故事務觀亦未之考也

海鹽胡震亨考較輯唐詩統籤自甲迄癸凡千餘卷卷帙浩汗久未版行余僅見其癸籤一部耳康熙四十□年 上命購其全書曰令織造衙董

理旨課通政使曹寅鳩工刻於廣陵胡氏遺書
幸不湮没然版藏　内府人間亦無從而見之也。
崑山徐氏所刻經解多秘本仿宋槧本卷
帙亦多其版亦收貯　内府。
慈谿姜編修西溟……入史局分修明史
刑法志極言廷杖詔獄東廠緹騎之害淋漓
痛切不減司馬子長後以科場事連染竟病
卒於請室余時為刑部尚書惟太息而已。倒説

得輕鬆〻總是奴才本色。

陸放翁記大名龍興寺有魏宮玉石彈棊局上刻有黃初刻字宣和取入禁中

吾邑畢藎臣明季名醫也

張杞園貞居杞城作杞紀十八卷

〻〻一個冰冷底吳野人被君輩弄做火熱

晏江十子虹友王攄為籌邊樓浩氣吟等詩奇

先伯父侍御公詠梅云〻繁英任似火冰稜

自如石 南枝与北枝不作春風格
唐杜牧之張好好詩并序真蹟卷用破黄紙写
一尺一寸五分長六尺四寸末闕六字与本集不同
者二十许字卷首楷書唐杜牧張好好詩宣和御
筆也又御書葫蘆印双龍小璽宣和連珠印
後有政和長印政和連珠印神品小印内府圖書之
印董宗伯跋

以上分廿餘話，可見漁洋徒有空名。

古今偽書攷補正

易傳

宋王景山開祖儒志編曰，「或曰，「易繫辭果非聖人之言乎？」曰：「其原出於孔子，而後相傳於易師，其來也遠，其傳也久，其間失墜而增加者不能無也。」又歐陽易童子問亦言非孔子作。【按】「相傳於易師」這話極可注意。可見這傳是經過卜筮之手的。所謂卜筮其實是似而道者也，設周卜筮，都由巫來担任，後來易被儒攖為專業，可憐的道家祇好專攜符籙了。

論衡正說篇：「至孝宣皇帝之時，河內女子發老屋，得逸易禮尚書各一篇奏之，皇帝下示博士，然後易禮尚書各益一篇。」所說易益一篇，蓋說卦也。隋書經籍志曰：「及秦焚書，周易獨以卜筮得存，唯失說卦三篇，後河內女子得之。」所謂三篇，蓋兼序卦雜卦在内。

眉按：……至卦辞文辞為孔子所作，，繫辞乃孔子弟子所作，則皮鹿二说皆同。（皮錫瑞易经通論）

子夏易传

漢志無。隋書籍有子夏易传二卷。……晁子

公武讀書志曰，「易传云『張弧偽作』

劉知幾司馬所議者，固非宋人所見之偽本

今日所見，又非宋人所見之倣本。」全祖望曰：「今所行十二卷，固屬隋本，即七略以來之書，無依託耳。夫曰韓，曰丁，曰薛，其見於荀勗錄者，尚難審定，況贗本耶？」

關朗易傳

陳直齋曰：「唐趙蕤注。然隋唐書志皆不載，或因阮逸僞作」。恒案文中子阮逸所註，人疑即其僞作。関朗託元魏孝文時人……故人知易傳亦阮逸僞造也。

麻氏正易心傳

出於宋，託麻衣道者以授陳希夷。朱仲晦曰：「此書辭意凡近，不類一二百年文字，且多無理妄談。守南康時，有前湘陰主簿戴師愈求謁，即及林氏易，因復相之，宛然北宋所作」

焦氏易林

日知錄：「易林疑是東漢以後人撰。延壽在昭宣之世，其時左氏未立學官，今易林引左氏語甚多。又往往用漢書中事，如云「彭離既東，遷之上庸」，事在元帝竟寧元年。曰「火入井口，楊芒生角，犯歷天門，窺見太微，登上玉牀」，似用李尋傳語。曰新作新陵，踰陷難登」，他用成帝起昌陵事，又曰「劉季發怒，命滅子嬰」，又「大蛇當路，使季畏懼」，則又非漢人所宜言也。

眉按：高祖本紀：「及述其初起時，則稱劉季，得沛後稱沛公，王漢後稱漢王，即帝位後則稱上」，用趙翼陔餘叢考卷五語　此乃史法當爾，後代諸史莫不因之，若延壽使不當如此言矣。

易乾鑿度

此緯書，偽託孔子作。案緯自隋末禁絕，宋世猶傳七緯，今存者僅此而已，然亦宋掇拾類書而成。

恒又按後人以乾坤鑿度二卷合爲一書，然實二書也，又稱黄帝撰，並無稽。

古文尚書

古文尚書二十五篇，併孔安國传出於東晋，梅頤
上之朝。…予别有通論十卷，兹不更详。

尚書漢孔氏傳

说全上

古三坟书

出于宋。晁子止以为张天觉伪撰。胡元瑞以为毛渐伪造，连山等篇即此书。

诗序

后汉儒林传曰：「卫宏，字敬仲，东海人。初九

江謝曼卿善毛詩，宏從受學，作毛詩序也

子貢詩傳

申培詩說

以上二書，明豐坊僞撰。

石經大學，亦其僞造。

周禮

孫詒讓、黄宗羲以為周公之作。姚際恒有通論十篇，陳登原仍勒為古書以證明其偽。究係出於何代何人，眉以為非出一人之手。

大戴禮

陳直齋曰：「漢信都王太傅戴德、九江太

守聖，皆受禮於后蒼。漢初以來，迄於劉向校定中書，諸家所記殆數百篇。戴德删其繁重，為八十五篇。聖又删為四十九篇。相傳如此。今小戴之書行於世，而大戴之書亡也。篇第自三十九而下，止於八十一，前闕三十八篇，末闕四篇，中間又有闕有重。意其闕者即聖所删耶？然哀公問、投壺二篇，與今禮記略同，文不異。他亦間有同者。保傅篇，世言賈誼書所從出也。今攷禮察篇「湯武秦定取捨」一則，書出誼疏中，反若取誼語扔入其中者。公符篇至録漢昭帝冠辭，則此書殆後人好事者采獲諸書為之，故雜不純經，決非戴德本書也。題九江太守戴德撰」九江太守乃戴聖所歷官，尤非是。

眉按：……史繩祖謂其「雜取家語子史之書，多折而為篇目」最得其實。

孝經

汪紱《孝經章句自序》謂「孝經之有今古文之異，非若河汾之絕不相侔，又非如偽泰誓書九共之書渺無然無據也……」

補正：朱一新曰：「忠經世以為偽。丁儉卿論語孔注證偽謂『崇文總目有馬融忠經一卷。』融乃書居士。忠經序有『臣融山巖野之臣』云云，馬季良貴戚豪家，安得稱巖野？是書馬融所作明矣。」

眉按：朱說近是。

孔子家語

漢志：「孔子家語二十七卷」，顏師古曰：「非今所有家語也」

小爾雅

本名小雅，後人欲造孔叢以之竄入，疑爲王肅所竄亂。

家禮儀節

似近世坊賈射利而刻。是書係楊升菴作

帝，紕謬不通。李以為即瑯山纂輯家撰之，而為儀節，纂有據。

竹書紀年

汲冢周書

穆天子傳

黃長睿曰：「師春紀諸國世次，及十二公當星野，在，並吕卦變謚法等，非专載左傳卜筮事。其紀歲星，有「杜征南洞曉陰陽」之語，由是知此書爲西晉人集錄，而非出汲塚也」。師春宋世有之，今則未見。

補证：

「今世所行竹書紀年，顧炎武日知錄中往往引以爲據」——四庫提要

提要：「舊本題汲冢周書，考隋經籍志唐藝文志俱稱此書以晉太康二年得於魏安釐王冢

中。……然……不准所得竹書七十五篇，具有篇名，無所裨周書；杜預春秋集解後序載汲冢諸書，亦不列周書之目。……」

眉按：朱右曾別輯汲冢紀年存真二卷……王國維又成古本竹書紀年輯校一卷，王並有今本竹書紀年疏證，古本面目稍稍可識。然王未取彭瓜僊得四百二十八條、

顏注漢志，逸周書「今之存者四十五篇矣」

近人丁謙穆天子傳地理考證，謂西王母邦上古時名加勒底，炎黄時名巴比倫，商時名亞西利亞；顧實穆天子傳西征今地攷，謂西王母之邦，蓋即今之波斯……丁謙又有穆天子傳紀日干支表，劉師培有穆王西征年月攷

一　晉史乘

楚檮杌

以上二書元吾衍僞撰，陶九成輟耕録明載衍之著述有此二書。

顧寶重跋："……吾衍撰……以補二書之缺非有心作僞也"。

胃按：焦竑亦定爲吾衍作，謂其意與劉炫僞造西晉史記、連山易諸書攖賞者不同，見焦氏筆乘續卷三。

漢武故事

補證：顧實重考曰：「唐張柬之書洞冥記後云：『漢武故事，王儉造』，柬之尚為初唐人，其言當有所受之，或不誣也。所記多出入史漢，而更傳益以妖妄之語。但諸書所引，今本僅多不載，疑晁公武諸家所見本已亡，今本又為後人鈔合而成，非王儉原書已亡。

飛燕外傳

陳直齋曰：「亦自言與楊雄同時，而史無見，或僞書也。」桓案：……後又有漢雜事秘辛，言梁后事，明王世貞僞撰。又有焚椒錄，言遼后事，不知何人撰。

補証：

提要：「……王懋竑白田雜著有漢火德攷曰：「漢初用赤帝子之祥，旗幟尚赤，而自有天下後，仍襲秦舊，故張蒼以為水德。王莽篡位，自以黄帝之後，當為土德，而用劉歆之說，盡改從前相承之序，以漢為火德，後漢重圖讖，以赤伏符之文，改用火德。班固作志，遂以著之高帝紀，而後漢人作飛燕外傳，有「禍水滅火」之語。不知前漢自王莽劉歆以前，未有以漢為火德者，蓋其誤也」。

雜事秘辛提要曰：「不著撰人名氏……沈德符敝帚軒剩語曰：『即慎所偽作也』」

眉按：雜事秘辛楊慎偽撰……焚椒錄言遼后事，王士禎居易錄信為實錄，而李有棠則力辨其誣，詳遼史紀事本末考異中。然其書並非偽撰，姚氏聯類及之，亦誤。

西京雜記

李慈銘謂爲文不類西漢人，亦非吳均著。「其昭陽殿一條云，砌皆銅沓，黃金塗。正可證今本漢書趙后傳作切皆銅沓冒黃金塗，冒字爲涉注文而衍者也」（孟學齋日記乙集上）

天祿閣外史

稱江黃憲撰，明崑山王逢年修撰。

明李詡戒庵漫筆云：余邑有餘姚人胡御史獻此書于左國司馬詩莽（？）中刊行，頒于蘇常四郡學宮，令諸生誦讀之。

李慈銘孟學齋日記甲集上十七云：前有王鏊序，謂由晉人田弘而傳，宋人軌泊得之，无倫所載，多譎乖謬，與叔度時勢出處無相合，其辭旨卑冗雖无目人，亦不能欺，以為後人作，無謂楊升菴為撰，以余觀之，殆出宋元間馬塈、夏畦輩，升菴當不至此也。

以上五條見我存的本子朱批，不知是什么人批的。

元經

稱隋王通撰，唐薛收傳，宋阮逸補，并注。

應為阮逸作。

一

十六国春秋

補证：全祖望答史雪汀問十六国春秋書曰：「馬氏通考經籍考中不列是書，則在宋时已鮮傳者。乃在明中葉以来，居然有雕本百卷行世，……所有坊間漢魏叢書，再取今本芟之，……則昂然崔氏舊本，任此刊除，已不足观，况其為偽書乎！」

隆平集

称宋曾巩撰，晁子止曰：「似非巩撰」

四庫提要：「出於依托」

致身録

敘明建文壬午之事，从亡者三十二人，史彬与焉。云藏之茅山，道士手授焦竑，故竑之序，称臣歐陽調律上其書於朝。惟錢牧齋以吳匏菴史彬墓表核之，斷其必無者十，見初學記，又有程濟从亡日記，錢以為踵致身錄之偽而為之也。

鬻子

世傳子書始於鬻子。漢書道家有鬻子二十二篇，小說家有鬻子說十九篇。本注云，後世所加今一卷，止十四篇，唐逢行珪序上。案史楚世家「熊通曰吾先鬻熊，文王之師也，蚤終」

四庫提要云「……考漢書藝文志道家鬻子說二十二篇，又小說家鬻子說十九篇，是當時本有二書。列子引鬻子凡三條，皆黃老清靜之說，與今本不類，疑即道家二十二篇之文；今本不載。与賈誼新書所引六條，文格略同，疑即小說家之鬻子也……」

關尹子

恒案：宋景濂謂其文做釋氏，良然。

眉按：（胡）韞玉（讀書後之關尹子）以此書雜

出儒家之言，而非尹喜所作，甚當。

子華子

秋程本。胡元瑞曰：「此必宋人姓程名本者所為。」

朱熹曰：「……正如麻衣道者本無言語，祇因小說有陳希夷問錢若水骨法一事，遂為南康軍戴師愈者偽造《正易心法》之書以託之也。然戴生朴陋，予嘗識之，其書鄙俚，不足感人。此子華子者，計必一能文之士所作……又以洛書為河圖，亦仍劉牧之謬。……或云王銍性之、姚寬令威多作贗書……然又恐非其所能及。……」

亢倉子

開元天寶詔求洞靈真經，即亢倉子。襄陽處

士王褒迺上意，撰以獻，後又任竄改焉。

晏子春秋

補正：眉按：孫星衍晏子春秋序曰：「實是劉向校本。柳宗元文人無學，謂墨氏之徒爲之。郡齋讀書志、文獻通攷承其誤，可謂無識。……」……余謂管同之説甚謬。……即舉内篇景公問吾欲觀於轉附朝儛一章，以与孟子梁惠王对勘，而作僞之迹若揭矣。将改孟子嫌者飲為秋者實，飢者弗食為貧者不補，從流下而反為从南歷时而不返。从流上而忘反為从下而不反，从獸無厭為从獸而不歸，樂酒無厭从樂而不歸，不特無謂已甚，竟至不成文理。蓋从流下而忘返四句，晏子不過從解流連荒亡四字之意，非在比切遵海而南之事實，而是書乃曰从南歷时而不返謂之流，豈非作僞者強事牽合乎……

「按」此書經後人竄改有之，但我同意孫星衍的說認為不是僞書。太史公曰：「其說世多有，故不論。」可見當時很流行，非僻書，故不論，是說其書無甚特殊之處，否則司馬遷還是要論的。也和今本晏子唷符合的。

鬼谷子

漢志無，隋志始有，列於縱橫家。唐志以為蘇秦之書。

索隱曰：「樂壹注鬼谷子書云，蘇秦欲神秘其道，故假名鬼谷」

恒安案 楊升菴謂漢志有鬼容區三篇，即鬼谷子，然無考。

太史公自序「故曰，聖人不朽，時變是守」索隱「此出鬼谷子，遷引之以成其章，故稱『故曰』也」

嚴可均曰：「近有為鬼谷子篇目考者，據御覽等書所引蘇子三條，謂其文與鬼谷子不類，蓋不知道藏之蘇子，乃蘇彥非蘇秦也」

黃以周曰：「意林載蘇彥語曰：『蘭以芳致燒，膏以肥見焫，翠以羽殃身，蚌以珠破腹』北堂書鈔、太平御覽並引之。困學紀聞以為蘇秦語，固誤，後人

以為意語，亦未是。」子叙 苏子叙

【按】司馬遷何必捏造一個前不見古人後不見來者的鬼谷子，楊雄以為「詐諸」，司馬遷也可推想到。一定有這個人，也有他的書，但不一定是今本，因為蘇張不會公開這書的，而且不好公開，像變戲法的不好揭開毯子一樣道理。王充說他們作實驗性的遊說，「悲說坑中，鬼谷注下」實在是宋儒所說的「小夫蛇鼠之智」，和後世說「山」很相近。

尹文子

補证：

唐鉞歷數其僞見清華学報四卷一期

尹文和尹文子

公孫龍子

俞樾《莊子人名攷》亦曰：「據《弟子傳》，公孫龍少孔子五十歲，而說『堅白異同』之公孫龍，則與孔穿同時，若孔子世家孔穿乃孔子之昆孫，去孔子六世矣。必不得與少孔子五十歲之公孫龍辯論也。莊子書之公孫龍則即與孔穿辯論之人，非孔子弟子」

據漢志公孫龍子十四篇，師古曰：「即為堅白之辯者。

今書由十四篇減爲六篇，而第一篇首句：「公孫龍六國時辯士也」，明爲後人所加之傳略。

〔按〕漢儒可以偽造儒說或道家■五行之談，絕不能偽造墨家名實之學，後代更不必說了。所以這書不偽。子說很少是自己手定的，都是他的徒眾人追述的。

商子

提要：：「殆法家者流，掇鞅餘論以成是編耳」

〔按〕索隱「案商君書開謂刑嚴峻則政化開，塞則布恩惠敗政化塞，其意本於嚴刑少恩，又為田開阡陌及言斬敵首賜爵，是耕戰書也。」所釋開塞之義与今本不合。這証明索隱是对的，今本不對，因為索隱正符合太史公所說的「与其人行事相類的话，要不然這句话便落空了。尉繚子兵教下：开塞谓分地以限，各死其職而坚守，此开塞二字古義。但古从何来，没根没源。祇能说尉繚子不知开塞二字古義。

鶡冠子

眉按：特達襲戰國策，王鉄 襲齋语 出兵襲魯仲連遺燕將書，又襲鵩鳥賦， 顔師古注漢書賈誼傳，畧不一及。

王闓運曰：「道家鶡冠子一篇，縱橫家龎煖二篇，隋志道家有鶡冠子三卷，無龎煖書，而篇卷適相合，隨以前誤合之。凡龎子言，皆宜入煖書」綺湘樓集題鶡冠子。

慎子

稱趙人慎到撰。漢志法家有慎子四十二篇。唐志十卷。崇文總目十七篇，今止五篇。

馬總意林所採十二條，皆不見今書。

於陵子

乃明姚士麟僞撰，見秘冊彙函。又宋鄭思肖心史相傳無出於姚……余按……非可偽為也。

提要：「舊本題齊陳仲子撰。王士禎居易錄曰：「萬曆間學士多撰偽書以欺世，如天祿閣外史之類，人多知之。今類書中所刻唐韓鄂歲華紀麗乃海鹽胡震亨孝轅所造，於陵子其友姚士粦叔祥作也。

孔叢子

稱漢孔鮒撰。漢隋書志皆無。宋中興書目始有。

嘉祐中，宋咸註

咸琳謂王肅僞撰

文中子

一名中说

称隋王通撰。宋阮逸註。

〔按〕中说盖谬书，竟衍为间约道统，序之以见宋儒之陋，而王守仁尤可怍也。

六韬

汉志无。隋志始有，称吕望撰。汉志儒家有周史六弢六篇。颜师古曰：「即今之六韬」。案六弢之名出莊子，然漢志儒家，非兵家。其辭鄙俚，偽託何疑。或以其有「辟正殿」語，此乃秦漢事，然亦無煩辨此也。惟一端極可笑者，胡元瑞曰：「六韜有大公陰符篇云：『主與將有陰符，凡八等：克敵之符長一尺，破軍之符長九寸，失利之符長三寸而止』。蓋偽撰之人不識陰符之義，以為符節之符也」

吴子

稱魏吳起撰，漢志十八篇，今六篇…中有屠城之語，尤為可惡。

黃石公三略

漢志無，隋志始有。

尉繚子

漢志雜家有卅九篇，兵家有三十一篇，今二十四篇……

教人以殺，垂之於書，尤堪痛恨。

李衛公問对

晁子止曰：「史臣謂李靖兵法，世無完書，略見於通典。今問对出於阮逸家；或因逸因杜氏附益之。」

陳直齋曰：「亦偽託也！文辭淺陋尤甚，今武學以七書試士，謂之武經。何薳春渚紀聞言其父去非為武學博士，受詔校七書，以六韜問對為疑，白司業朱服。服言此書行之已久，未易遽廢，遂止。恒案：今七書以六韜問對押置於後者，朱服因仍去非此言也。後為徐州教授，與陳師道為代，師道言聞之東坡「世傳王通元經、關朗易傳，及李靖問對，皆阮逸僞選」，逸嘗以艸示奉常公」云，「奉常公者，老蘇也。」

補記：姚姬傳曰：「世所有論兵書，誠為周人作者惟孙武子耳，而不必为武自著，若其余皆伪而已，任宏以司马法百五十五篇入兵权谋，班固出之以入礼经，太史公叹其宏廓深远，然其书可知矣。世所传者，泛论用兵之意，其词庸甚，不足以言礼经，亦不足言权谋；且仅有三卷耳。汉艺文志，吴起四十八篇，在兵权谋，尉缭子三十一篇，在兵形势；今吴子仅三篇，尉缭子二十四篇，魏晋以后，乃以笳笛为军乐，彼吴起安得云以金鼓笳笛为节乎。

蘇明允言起功過於孫武，而著書顧草略不逮武，不悟其書僞也。尉繚子之書，不能論兵形勢，反雜商鞅刑名之說，蓋役人雜志，苟以成書而已，莊子載女商曰："橫說之則以詩書禮樂，從說之則以金版六弢"，然則六弢之文，必約於詩書禮樂者也。

「按」班固從之，誤斷之以附周，應從是說史，故其中有惠襄之間……孔子問焉）且云，"惠襄之間，或云顯王時，或曰孔子問焉"，然則其爲周史之辞，若周任史遂以言無疑也。非言兵，無與於太公也。今六韜徵取兵家之説，附之太公，而係鄙陋。周之權曰鈞不曰斤，其於色曰元曰黑曰緇不曰烏，晉宋齊梁間市井乃有烏衣烏帽語耳，而今六韜乃曰斤曰烏。唐脩隋書經籍志，不知古書之意，舉司馬法之類悉載之，顔師古注漢書，於六韜直以為非今書。此皆不足以言識。漢書刑法志所載古井田出車之法甚詳，其文蓋出於司馬法，包咸注論語辭同也。刑法志引其文備，故以六十四井出車一乘，別以三十六井當山川沈斥城池邑居園囿術路，合之則百井，包咸引其辭略，故第言出車一乘耳，其原出一也。後儒考其所見書寡，於爲古文尚書者，故舉此及他經史明載之司馬法而併遺之。惜抱軒文集卷五讀司馬法六韜。

素書

稱黃石公撰。宋張英註，即商英所僞撰。

心書

〻

稱諸葛亮撰，僞。

風后握奇經

提要唐以来人所讬

周髀筭经

钱宝琮周髀算经考曰：“周髀首章言昔者周公問於商高：“天不可階而升，地不得尺寸而度，請問數安從出？”商高荅以句三股四弦五之率，及用矩測望之大要，周公稱善。自此以下至於終卷，則為榮方陳子問答之詞，詳述句股測望之應用，確定蓋天學說及曆法之基礎，全書凡七千萬字。首章前六十四字，約占全書二十七分之一，但注釋者自趙君卿以後，皆以陳子榮方為周公後人，其句股測望之法，亦皆肇自周初。且謂榮方問於陳子以下，非周髀本文。南宋鮑澣之謂「其書出於商周之間」，明朱載堉謂「為周公遺書」，數理精蘊謂「成周六藝之遺文」皆指首章二百六十四字而言也。然周髀開宗明義第一句，為「昔者周公問於商高曰」，周髀非周公遺書，不待徵而自明。又首章二百六十四字無髀字。「周髀」二字，出榮方陳子問答中，有明白解釋。卷上，榮方曰，周髀者何。陳子曰古時天子治周，故曰周髀，髀者表也。惟歷來解釋周髀命名之義者，多穿鑿附會之談。如晉虞喜安天論云，周髀蓋人姓名，猶曰王家有甘石」。宋李籍周髀音義云：「周天歷度，本包犧氏之法，其傳自周公受之於大夫商高，周人志之，故曰周髀」。清馮澂周髀算經述云：「周謂全體，髀謂股分」。皆不以陳子之說為然，不知何取。周髀七千餘言，然全取陳子之學說，商高一篇，不過全書之導言耳。周髀二字之取義，自當以陳子之說為是。周髀之撰作時代，亦當由研究陳子學說決定之。余考周髀所詳天體論測望星象諸大端，多與淮南子天文訓相近，撰說時代，當不略後，而相去不遠。《周髀》首章言「方屬地，圓屬天，天圓地方」，與《淮南子·天文訓》「天道曰圓，地道曰方」同意；《大戴禮·曾子天圓》亦言「天圓地方」，然恐是偽書，撰著年代未必在《淮南子》之前。其証也。《周髀》「句之損益寸千里」與《天文訓》「寸得千里」「南千里陰寸短」算法相同。惟《天文訓》表高一丈，而《周髀》則表高八尺也，《尚書考靈曜》、張衡《靈憲》皆與周髀敎同，而時代較後，其證二也。周髀以日始出而立表以識其晷，日入復識其晷，晷之兩端相直者正東西也，中折之指表者正南北也。與天文訓「正朝夕」求「東西之正」大同小異。其證三也。周髀以日冬至在牽牛，夏至在東井，春分在婁，秋分在角，與劉歆三統曆譜所載牽牛初冬至，婁四度春分，井三十一度夏至，角十度秋分相符，較之天文訓以二月建奎婁，五月建東井，八月建元，十一月建牽牛則稍異，以歲差考之，周髀所載實測時代，當較天文訓為後，其証一也。今傳本八節二十四氣晷影，為注者趙爽新術。據其自注，周髀本法，乃以一日之率十五日為一節，以文云「推日晷之術，殊理未當。」天文訓亦言「日行一度十五日為一節，以生二十四時之變」，計算其皆不求精密，其証二也。周髀一日分十二時，稱日日加某支，與三統術同。呂氏春秋淮南子史記歷書並未有象日是稱。周髀撰著時代，較天文訓為後，其証六也古無二十四節氣之分，秦漢間始有顓頊曆，以建寅之月為正月，始以立春、立夏、立秋、立冬為四時之始，二至二分為四時之中。然呂氏春秋十二月紀稱二至曰「日至」「日長至」「日短至」，稱二分曰日夜分，猶與現行者名目稍異。至淮南子天文訓，冬至之後，每隔十五日，有小寒、大寒、立春、雨水、驚蟄、春分、清明、穀雨、立夏等二十四氣名目，次序皆與現行者相同矣。惟漢武太初元年所改之三統曆，據三統譜所載，「立春以後，先驚蟄而後雨水，春分之後，先穀雨而後清明，古今刻序次稍異。後漢四分曆以後，始改為今刻。又按淮南子時則訓「孟春之月立春蟄蟲始振蘇」仲春之月古始雨水」天文訓言清明風為立夏節前後以風，亦証淮南子二十四節次序，與古三統曆相同。今之傳本，頗經後人改竄者也。周髀八節二十四氣次序，亦古東漢四分術同，而古西漢時實行之三統術異。但周髀晷影算法，為注者趙爽新術，其二十四氣次序，或係甄鸞之時唐術略而。云：此言立表日數以測日景而法，以數術啓發，用之於天體數學之稱。今傳本周髀所設測量為二百節，上古其撰著時代遠在景帝以前矣。……周髀算學發於數乘數，除及開方算法已甚完備，與九章算術方田、少廣五章之術雖分軒輊，或是同時代之著作。

余考九章算術句股章在東漢末始行成立，劉徽重差章則撰在於三國時。東漢鄭衆注周官保氏九數云：「今有句股重差」，是句股與重差在鄭衆時不列於九數，距二數則時尚不甚遠，句股重差在周髀已略具椎輪，未成大輅，似可為周髀撰於西漢時之旁證。（科學雜志第卷一期）